台湾りずむ

暮らしを旅する二十四節気

絵と文
栖来ひかり
Sumiki Hikari

西日本出版社

北
冬至
270°
小寒
大寒
立春
315°
雨水
驚蟄
東
360°
春分
清明
穀雨
立夏
45°
小満
芒種
90°
夏至
小暑
大暑
南
立秋
135°
處暑
白露
西
秋分
180°
寒露
霜降
立冬
225°
小雪
大雪
冬
春
夏
秋
12月
1月
2月
3月
4月
5月
6月
7月
8月
9月
10月
11月

二十四節気図

季節のこよみで台湾をもっと知る。

皿跳ねるしぶきひんやり台北に秋

秋分を過ぎたころ、洗い物をする水道水に昨日と違う冷たさを感じ、こんな句をこしらえた。台湾といえば「南国」「常夏」なイメージが強いかもしれない。しかし、季節の移ろいや四季は思いがけずやってくる。

道を歩けばシャボン玉のようにフワフワと行きすぎる銀木犀の匂いにふと足を止める。道路をミカン色に染める日本の秋の金木犀に比べ、台北の銀木犀はうんと控えめだ。巷子（路地）に停められた車のボンネットに白く小さな花を散らし、産毛をなでるように薫る。それに対して、虫歯が疼きそうなほど甘く漂い散歩に誘い出す日本の金木犀。じつにどちらも捨てがたく、いとおしい。

台湾で季節の移ろいを感じつつ、日本の四季にも心を馳せたり、共通点や違いを見つけたり……。そんな愉しみかたができるのも、台湾には《農暦》を元にしたリズムがあるおかげかもしれない。農暦は《太陰太陽暦》のことで、日本では《旧暦》と呼ばれ、台湾の人々の暮らしに欠かすことができない。

勤勉で観察力に長けた古代の人々は、混沌とした時間のなかで生き抜くために、昇っては沈む太陽、満ちては欠ける月、天をめぐる星とともに変わりゆく自然を観察し、一定の法則を見いだしてきた。そんな長い長い時間のなかで育まれた現在の「暦」は、今のところ大きく分けて世界に３種類ある。

一つ目の《陽暦》（《太陽暦》）は、現在の主流となっている《グレゴリオ暦》（１年を３６５日、12か月、週７日、１日24時間で区分する。《新暦》とも）で、地球から見た太陽の通り道（黄道）を基準にしている。

二つ目の《陰暦》（《太陰暦》）はイスラーム文明のなかで生まれた《イスラーム暦》で、月の満ち欠けを元にしている。

そして三つ目が、古代中国の黄河流域で発展した太陰太陽暦だ。

ひと月の始まりが新月で、満月からまた新月に戻る約29・５日間を１か月とするのはイスラーム暦と変わらない。だがそのままでは、地球が太陽の黄道をめぐる１年のサイクル（約３６５日５時間48分48秒）と「季節」に少しずつズレが生じる。そこで１年を24個の期間、15度の角度で分けた《二十四節気》《七十二候》を作り、閏月を入れて月日を定めた。

二十四節気の誕生については、周から漢の儒学者がまとめた『礼記』の《月令篇》に片鱗が見られる。もっとさかのぼって4千年前の伝説の王朝・夏の頃には、太陽の季節サイクルのなかで立ち現れた動物や虫、植物や雨風にまつわる自然現象の観察によって、そこに一定の変化を見いだした《夏小正》という400文字程度の記録があり、現在の二十四節気の元になっている。それから長いあいだ、二十四節気は種をまき苗床をこしらえたり、狩りをしたり、田植えや刈り取りをする人々の暮らしの拠り所となってきた。つまり太陰太陽暦とは、西洋の太陽暦とイスラームの太陰暦、どちらの要素も兼ね備えつつ東アジアの季節との融合を目指した暦なのだ。

立春・春分・夏至・秋分・冬至といった二十四節気に、さらに繊細な季節感を付け加えたのが七十二候だ。一つの節気（15日）をさらに約5日に分け、昔の人が観察した自然現象をまとめたものだが、文学的で愉快な表現も多い。

例えば立春（陽暦2月4日頃～2月18日頃）なら

東風解凍　蟄虫始振　魚上氷

東からの春風が厚く張った氷を解かし始め、地の中で冬眠していた虫が目を覚まし、割れた氷のあいだから魚たちが顔をのぞかせる。

二十四節気の雨水という季節には、「獺祭魚」という候がある。これは獺が捕った魚をお祭りのように岸に並べて食べる様子を描写したといえば、有名な日本酒銘柄「獺祭（だっさい）」を思い出す方もいるかもしれない。夏の暑さがピークになる大暑（たいしょ）の初候は、「腐草為蛍」（腐った草が蒸れ、ホタルとなる）。科学的な知見の少なかったころ、水草に付いた卵から蛍が孵（かえ）るのを見た人々は、暑さに腐った水草が蛍になったと思い込んだ。現代では勘違いだと一笑に付されるかもしれない情景とはいえ、なんと美しい暦だろう。

この太陰太陽暦は、遣唐使によって日本にも伝えられ、明治6（1873）年まで千年以上も使われた。また七十二候については江戸時代、江戸の気候に合わせて日本バージョンが出来た。元々中国の華北平原で生まれた七十二候は、そのまま日本の季節感に当てはめるのが難しいからだ。

明治維新より目指した「脱亜入欧」を経た日本では、普段の暮らしのなかで太陰太陽暦はほとんど忘れられてしまったように見える。でもじつは現代でも台湾をはじめ、日本を除く多く

獺祭

の東アジア・東南アジア諸国では太陰太陽暦に合わせた新年（春節）をお祝いする。「春節」と聞けば日本では、インバウンド客の増える時期ぐらいのイメージしかないかもしれないが、日本の人々が季節の移ろいを繊細に感じ愛でる心を備えているのは、遥か昔から自然を敬い怖れ親しんできた、アジア地域の一員だからこそでは？とも思う。

本書を書こうと思ったきっかけは、華北平原とは地理も歴史もずいぶん隔たった台湾における季節感にあわせた「台湾的七十二候」を考えてみたいと思ったからだ。何しろ台湾は熱帯／亜熱帯だし、漢人よりずっと前から住んでいる台湾原住民族の人々の暦もある。

とはいえ、エスニシティーやコミュニティーの違いも含め、同じ場所で暮らしていても個人個人に見える風景がまったく違う現代において、一つに集約してしまうのも乱暴な話だろう。そんなわけでこの本では、台湾の台北で暮らす日本人の「わたし」から見た「わたし的台湾七十二候」も、それぞれの月の最後に記してみた。でもこれが「定型」だとは思っていない。この土地に暮らす、または旅する人の数だけ「台湾的七十二候」はあるにちがいない。

日本と根っこで繋がったアジアの文化を感じ、その種子が日本の風土のなかで育った道のりに思いをめぐらせながら、台湾の風土や歴史を知り、次に台湾に足を運ぶのが楽しみになる。または、いつもの台湾の風景が少し違って見える。そして、読者の皆さん自身の「七十二候」を考えるきっかけになる。この本がそんなふうにお役に立つなら嬉しい。

こよみ

東アジア地図

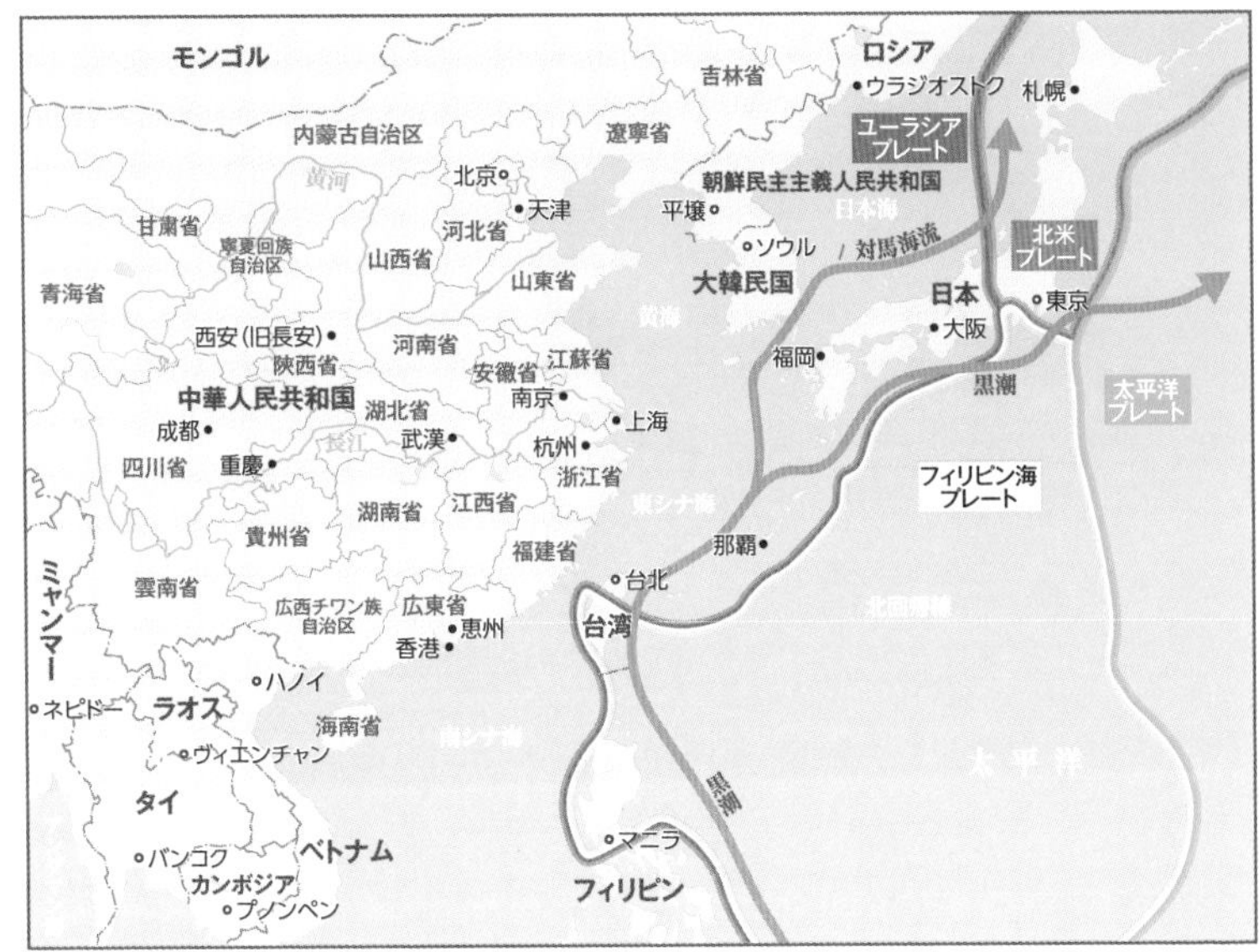

台湾周辺地図

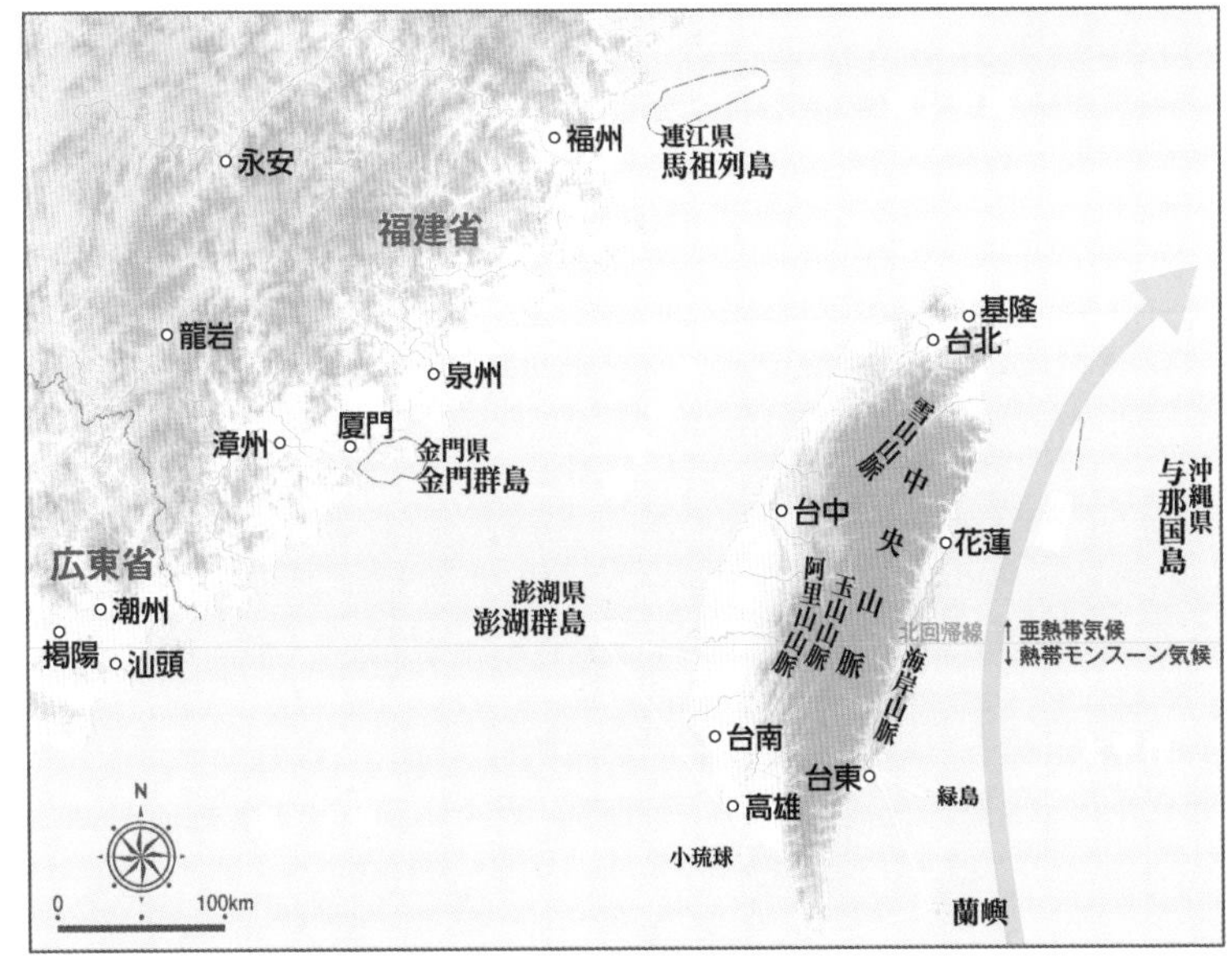

台湾海峡
台北市
陽明山
淡水河
基隆河
基隆市
基隆
松山
桃園
桃園市
桃園
桃園
新荘
台北
板橋
十分
平渓線
桃園台地
三峡
新北市
亀山島
竹北
新竹
新竹市
新竹
内湾線
北埔
宜蘭
新竹県
蘭陽渓
苗栗
苗栗
宜蘭県
台湾高速鉄道
苗栗県
雪山
東引島
連江県
南竿島
金門県
台中市
台中
台中
大甲渓
台湾鉄道
タロコ渓谷
合歓山
台中
鹿港
彰化
清流
霧社
花蓮県
花蓮
南投
埔里
彰化県
濁水渓
彰化
集集線
日月潭
雲林
雲林県
斗六
南投県
澎湖群島
馬公
澎湖県
口湖
北港
嘉義
嘉義市
阿里山
阿里山森林鉄路
祝山
玉山
阿里山
太保
嘉義
北回帰線
静浦
↑亜熱帯気候
↓熱帯モンスーン気候
台湾鉄道
嘉義県
塩水
官田
隆田
烏山頭ダム
麻豆
善化
曽文渓
台南市
嘉南平原
台南
台東県
卑南渓
高雄市
台南
台東
屏東県
左営
緑島
屏東
高雄
高屏渓
高雄
太平洋
小琉球
恒春半島
蘭嶼
恒春
墾丁
ガランピ岬
N
0
50km
バシー海峡
台湾全図

本書での用語について

日本時代

日本では一般的に「日本統治時代」と表記されるが、台湾ではこの時代について「日據（ズーチュイ）時代」「日治（ズーツー）時代」などの呼称があり、それぞれに日本の統治に対して否定・肯定といった印象が付きまとう。そこで近年では肯定でも否定でもなく、当時を経験した台湾人当事者たちが呼んだ「日本時代（リップン・シータイ）」をニュートラルな呼称として使用する例が広まりつつある。一方で、日本において日本語の文章や会話で「日本時代（にほんじだい）」と使う場合、そこには日本が統治側で台湾が被統治側という意識が抜け落ちるという指摘もあり、個人的にも理解できる。しかし、台湾に暮らし、日本と台湾のあいだでより考えを深めていきたいという希望を込め、本書ではあえて「日本時代」を用いる。

＊　＊　＊

台湾華語

日本では一般的に華語（北京官話）を指して「中国語」という言葉が用いられてきたが、台湾で公用語として使用されている華語は台湾の歴史や使用背景に影響を受け、独自の文法や語彙を持つため、本書では「台湾華語」と表記する。

＊　＊　＊

台湾語

台湾では公用語である台湾華語のほか、中国福建地方の言葉にルーツを持つ言葉の使用者（ホーロー系）が多く、台湾においては「台語」、日本においては一般的に「台湾語」と表記されている。近年は台湾アイデンティティーの深まりによって「台湾語」の使用が見直されている一方、多様なバックグラウンドを持つ族群の暮らす台湾において、「台湾語」だけが台湾を主体的に考えるための言葉なのかという論争もある。

＊漢字の表記について

台湾においては漢字は「繁体字」で表記される。しかし本書においては一部の例外を除き、日本でも使用されている漢字については、そのまま日本での用字に従った。

原住民
原住民族

過去に外来政権によって台湾の先住民は「番人」「蕃人」「高砂族」「山地人」などと呼称され、差別を受けてきた。1990年代に起こった先住民の権利運動「臺灣原住民族正名運動」において、「台湾原住民族」は当事者が勝ち取った正式名称として台湾の憲法にも記載されている。

ただ、日本語においては「先住民」が土地の先住者を表す正式な言葉であること、日本では一般的に「原住民」という言葉に差別的なニュアンスを感じる人がいること、台湾の先住民のみを「原住民」と呼ぶことで他の地域の先住民との繋がりや連続性が失われてしまうなどの指摘が日本の台湾研究者より挙げられている。その指摘の重要性は重々に理解しながらも、台湾の先住民の人々のこれまでの努力や来し方について、日本でも関心の高まりや理解が進んでほしいと願い、また何より当事者の自決を尊重したいと考え、本書では先住民の表記に「原住民（イェンズーミン）」「原住民族（イェンズーミンズ）」を用いる。

＊ ＊ ＊

外省人
本省人

これまで台湾の族群を表す言葉のなかで、第二次世界大戦以前より台湾に住んでいる台湾人を「本省人」、戦後に国民党政府と共に中国より移民してきた人々を「外省人」という呼び名が便宜的に使用されてきた。しかし近年はこの名称が台湾の分裂を深める、あるいは差別的な響きを含むという理由や、中華民国の中にある「台湾省」という概念から派生した言葉であるため、台湾では公的に使用することが避けられている。これに準じて、本書でもこうした族群を表す場合にどうしても必要な場合のみ「　」付きにするなど、最低限の使用にとどめる。

＊ ＊ ＊

＊読み仮名の表記について

使用した漢字の台湾での読み仮名を付す際、「台湾華語」での読みはカタカナで表記した。一方、「台湾語」での読みの場合は、頭に㊎を付け、その下にひらがな表記することで、台湾語であることを示した。

風調雨順
ほんてゃおうーすん

風が季節を運び、雨が大地を潤すことで、農作物が順調に育つことを表す言葉。転じて、すべてのことがうまく進むように、との願い。台湾の廟などでよく見かける。

二月

立春（りっしゅん）

2月4日頃～2月18日頃

雨水（うすい）

2月19日頃～3月5日頃

元宵節のランタン

立春（りっしゅん）

月の満ち欠けに合わせたお祝いのかたち

爆竹に赤色かざる お正月

節分の豆まき

立春の頃、台北近郊の山へハイキングに行けばタイワンザクラ[*1]が紅色の花をほころばせ、背の高い樹の上のほうから「こっこっこっこっ」とリズミカルな調べが降ってくる。鳴き声が和尚（おしょう）さんの叩く木魚のようだというので「花和尚（はなおしょう）」の別名を持つ台湾五色鳥（タイワンゴシキドリ）は、その名の通り5色の鮮やかな羽をまとった美しい鳥だが、音の聞こえてくる方向をいくら眺めても大抵姿を見つけることはない。

日本の暦で立春といえば節分、節分といえば豆まきである。以前、日本語教育世代[*2]の集う「玉蘭荘（ぎょくらんそう）」という場所で、台湾や日本の暦にまつわる行事について講演をした。その際、何人かの方が口々に、日本時代の台湾でも「鬼は外　福は内」と声をあげながら豆をまいたと教えてくれた。しかし、「豆をまくだけで、鬼のお面はとんと覚えがない」とも言う。日本でも近ごろは、関西の一部地域から拡がった恵方巻が全国的な節分の行事となった。伝統行事も刻一刻と姿を変え

＊1
台湾、中国南部、沖縄などに分布するカンヒザクラ（寒緋桜）の別名。サクラの原種の一つ。

＊2
戦前に日本統治下だった台湾で生まれ育ち、日本語で日本式の教育を受けた台湾の方々。

ているのは、今も昔も場所も問わない。

豆まきが行事となったのは日本では室町時代頃というが、その起源は中国六朝（りくちょう）時代[*3]の冬至にあるそうだ。じつは冬至はかつて、新年を告げる重要な節気だった。また、冬至に小豆（あずき）を食べるのは、古代シルクロードの起点ともなった中国陝西（せんせい）地方[*4]の習俗であった。というのも、冬至に死んだ子供は疫病をもたらす鬼に化け、鬼は小豆を怖がるため、小豆を炊いて食べることで鬼を祓ったのである。一方で、古代中国では小豆と桃の木に神の力が宿ると信じられており、「刈った草は馬に、豆は兵士に」[*5]なって鬼と戦ってくれる頼もしい存在だった。しかしその後に立春が1年の最初と変わったことで、日本では節分（立春の前日）に鬼祓いの豆をまくようになったのではないか、そんなふうにわたしは推測している。

節分とは、そもそも日本では立春・立夏・立秋・立冬という二十四節気の前日を指す。しかし節気自体に毎年1~2日のずれがあり、自ずと節分の日にちも変わってくる。例えば2021年の節分は例年より1日早く、2月2日の節

花和尚（台湾五色鳥）

*3
222~589年。三国時代の呉、東晋、南朝の宋・斉・梁・陳の総称、またその時代。

*4
中国の黄河中流にあたり、古代中国の都・長安があった。

*5
元の時代の『十様錦』『平妖傳』といった古い小説戯曲に登場する法術。

分は124年ぶり、と日本でニュースになった。太陽暦（西暦）を採り入れている日本では、節分といえば2月3日だという固定イメージがあるのでニュースになるのも無理はない。しかし月と太陽それぞれの運行を元にした太陰太陽暦（農暦）に沿って暮らす台湾では、節気や行事の日が毎年違うなんて当たり前のことだったりする。

台湾を含め東アジア・東南アジアの多くの地域では、月の満ち欠けを元にした「春節」（旧正月）を本当のお正月として重要視し、春節に合わせて学校や職場の冬休みも設定する。台湾では年越しを過年というが、月の満ち欠けでいえば正月一日は新月である。だから西暦カレンダーと照らし合わせてみた場合、年によっては前年と比べて3週間近くの違いが出ることもある。また、最近では花火大会やカウントダウン・イベントなど、西洋暦での年越し[*6]をお祝いするムードも高まっている。お正月そのものが好きなわたしにとって、日本と台湾、それぞれ違った雰囲気の正月を二度も味わえるのは楽しい。

年越しの伝説

旧正月が近づくと街中は「春聯」や提灯などの赤色で彩られる。春聯の起源は諸説あるが、こんな話が知られている。古代中国に勇猛果敢な二人の兄弟が

＊6
台北101はじめ台湾各地で花火やコンサートが行われる。旧正月の年越しを「過年」というのに対し、新正月の年越しはよく「跨年（クワニェン）」と呼ばれる。

おり、いつも桃の木の下に立って悪霊退治をしていた。そこで、兄弟二人の名を記した桃の木板を魔除けとして家の門に掛けるようになったのが紀元前２００年頃。今も台湾の寺廟に見られる「門神」の原型だ。

それから千年以上が経ち、中国の五代十国時代*7は後蜀（ごしょく）の頃。門神だけでは単調すぎると思ったとある王様は、新年を祝い、御代の常春（とこはる）を願う言葉を桃の木板にしたためた。のちに桃の木板の代わりに赤色の紙を使うのが大流行し、現在見られる春聯の姿になったのが明の頃。それが漢人の移住者と共に台湾にも伝わり、今や年越しに欠かせない風物の一つとなった。

また、赤を多用することになった理由については、こんな説がある。

昔々「年（ねん）」という怪物が山にいた。動物たちが冬ごもりすると「年」は腹を空かせ、大晦日に山から下りて里の人々を喰らっていた。そのため、「これが最後の食事かもしれぬ」と人々は大晦日に家族全員でごちそうを食

春聯

＊7
９０７～９６０年。唐の滅亡から北宋の成立までに、華北・中原に５つの王朝と華中・華南などに10の地方政権が興亡した時代。

べた。これが今の年夜菜（おせち）である。大晦日の食卓を家族と囲むのが、中華文化を伝える人々にとって1年で最も大切な行事であるゆえんだ。

しかしある年、村で親切を受けた老人がその返礼として、「年」が赤色・大きな音・清潔を何より嫌うことを教えてくれた。人々は家中を掃除し、門を赤い紙で囲んで爆竹を鳴らし、真新しい下着を身に着けて大晦日を迎えた。おかげで「年」は姿を現さず、朝を迎えた人々は互いの無事を喜んで「新年快楽（シンニエンクアイラー）（あけましておめでとう）」と挨拶した。

この「年」の話は、台湾の小学生の教科書にも載るほどよく知られる。昔の人はすべて「数え」で年齢を重ねたので、いつ生まれた人も元旦が誕生日だった。歳を取れば誰もがいつかは死ぬ。つまり歳（とし）を食うことは、年（ねん）に食われることなのだ。

もう一つ、中国福建地方*8をルーツとする台湾独特のローカルな伝説もある。人間は電気やランプがなかったころ、竹の筒に油を入れ、「燈猴（㊟台てんかう）」（猴はサルのこと）と呼んで使っていた。毎年冬至には、白玉だんご（湯圓（タンユエン）*9）をこしらえて椅子やタンスにくっつけ1年の働きを感謝する習わしなのだが、ある年うっかり燈猴にだけ御礼するのを忘れてしまう。火の神はこれを恨み、道教の最高神で

*8
台湾海峡を挟んで台湾の向かい側に位置する中国の東南沿海の地域。現在の中国福建省あたり。特に17世紀頃から、漳州や泉州の人々を中心に多く台湾に移住した。

*9
P184「十二月・冬至」補注2参照。

燈猴

ある玉皇大帝に人間の悪口を吹き込み、皆殺しにしてほしいと頼んだ。玉皇大帝はたいそうお怒りになり、「それでは元日の朝、人間どもの地を沈めてやることにしよう」と言った。

これを伝え聞いた人々はびっくり仰天。大晦日の夜にお別れのごちそうを作り、食べながら地が沈むのを待った。それを見ていたかまどの神は人間に同情し、玉皇大帝に「火の神が嘘をついている」と陳情する。玉皇大帝はよくよく話を聞いて、人間を許すことに決めた。いつものごとく夜が明けたのを見た人々は安心し、「おめでとう、おめでとう」と喜んだのである。

二つの話に共通するのは、大晦日の危機を乗り越えた人間が無事を喜び合うことだ。太陰太陽暦の正月といえば新月で、闇夜である。1年で最も寒いころの暗い夜、昔の人はさぞかし心細い気持ちで過ごしたろう。そんな心境から生まれたのが、これら新年にまつわる伝説であるのかもしれない。

二つの正月

さて、じつはこの「燈猴」の話、日本時代に黄氏鳳姿という12歳の台湾人少女が日本語で書いた『七娘媽生（台 ちんにょーまーせ）』という文芸作品に収められている。日本時代における台湾習俗が記録された貴重な一篇だが、これが書かれたのは１９４０年、第二次世界大戦の終わる５年前。戦時下の植民地に生きていた12歳の少女は、こう書き記す。

> 台湾の人々もこの頃は、新暦のお正月をむかえるようになりましたが、それでも古い人は、いまでも旧のお正月をむかえます。今は非常時ですから、旧暦のお正月はやめて、新暦のお正月をむかえるようにしなければなりません。同じ一つの国の中で、一方は新暦のお正月をむかえ、一方は旧のお正月をむかえて、別々のことをすると、国がだんだん弱くなります。
> 私のうちは新暦のお正月を賑やかにむかえました。けれども今年七十四になる大おじいさんが、「旧正月もむかえた方がいい。」とおっしゃったので、ささやかな旧のお正月も、おむかえすることになりました。
>
> 『七娘媽生』黄氏鳳姿・著*10

異なる二つの文化を背負わされた12歳の少女の悲壮な思いに触れるようで、読むたびに胸が締め付けられる。

*10 P207「主な参考文献」参照。

日本語教育世代の方々とのやり取りを冒頭で紹介した。そこには続きがある。お昼を皆さんとごいっしょしていた時、「しずさん」という女性がこんな話をしてくれた。しずさんは宜蘭（ぎらん）女学校の出身で、宜蘭から日本の特攻隊が出発するとき秘密裡に校長先生に呼ばれ、もう一人の日本人少女と二人、特攻に出る兵士にお神酒（みき）を注ぎ、飛行機が飛んでゆくのを見送る役を担ったそうだ。

「もの心ついたのが、戦争末期でしょう。物がなくてね。だから行事といってもたいして覚えがないのよ。今も、あのとき見送った特攻隊の兵隊さんのことをよく思い出すの。ほら燃料が途中でなくなって特攻に失敗して生き残った方もいるっていうでしょう。あの兵隊さんもそうだったらいいけどって」

もう一人、男性がお声をかけてくださった。

「あのね、皇民化運動があって、ぜんぶ日本式になった。ぜーんぶ日本のもの。戦後は中国式になった。台湾らしい風習というの、あまりよくわからないのです」

ハッとした。

当たり前だと思っていた伝統や風習の裏で、文化を奪われ、伝えたくとも伝えられない人たちがいることに鈍感だった自分を恥ずかしく思った。

雨水

神様の誕生日の頃、トビウオは黒潮に乗って

上元節 ロケット花火に トビウオに

元宵節の習俗

日本の小正月にあたる旧暦1月15日の夜は、春節を締めくくるイベントで賑々しい。正月準備で花市場にて買いもとめた水仙盆植えの水仙もこのころ満開となり、清冽な芳香を放って咲き誇る。太陰太陽暦の新年を迎えて初めての満月を元宵といい、道教では「上元節」、天界を司る天官の誕生日である。[1]

まずは満月に見立てた「元宵」[2]を食べる。冬至に食べる白玉だんご（湯圓）に似るが、各家庭のルーツによって作り方も異なる。台湾では第二次世界大戦後に中国各地から国民党と共に移民が渡ってきたが、例えば、中国北部出身の人の店で売られる元宵は手で丸めない。白玉粉を広げた大きな竹ざるに丸い餡子をのせ、ゆすって転がし、雪だるまを作る要領で大きくする。茹でてもよいが、ゴマをまぶして揚げても美味しい。この日、大きな籠をゆすって「元宵」を作る店の前には長蛇の列ができる。

ランタン祭りもかつては元宵のイベントで、唐の昔より「提灯を持って外を

＊1 三元大帝の一人で、天官は賜福を司る神。地官の誕生日を中元、水官の誕生日を下元という。

＊2 台湾華語では「ユエンシャオ」。

歩き回れば、良縁に恵まれる」といわれた。満月の下(もと)、提灯にほのかに照らされた顔がことに美しく見えて恋に落ちる……そんなこともあったかもしれない。そのほか、「燈謎(台 ていえんみい)」と呼ばれるナゾナゾ大会や、通りすがりの人の言葉を盗み聞きしてその年の運勢を知る「聴香(台 ていあひょー)」など多彩な習俗のある元宵だが、「なんでそんなことに……?」と言いたくなるクレイジーなお祭りもある。

台南の塩水(えんすい)(地名)で行われる「塩水蜂炮(えんすいほうほう)」*3は、清の時代の上元に広まったコレラを関帝聖君(かんていせいくん)*4が鎮めたことを讃えるために始まり、180年ほどの歴史がある。この2日間はまるで「戦争ごっこ」のごとく百万発を超えるロケット花火や爆竹が夜通し発射され、その危険さはオーストラリアのテレビ番組で「世界10大危険な祭り」の一つに選ばれたほど。大量のロケット花火や爆竹が飛び交い大変危険なので、参加の場合はフルフェイスのヘルメット、燃えにくい材質の手袋、長ズボン、マフラー、上着の着用は必須。

また、台東の「炸寒單(ザーハンタン)」*5も凄(すさ)まじい。「寒單爺(ハンタンイエ)」と呼ばれる虎にまたがった道教の神様「玄壇真君(げんだんしんくん)」*6のためのお祭りだが、寒單爺は寒がりなので上元の夜に温めてあげることで1年の安泰を祈る。赤い頭巾と短パンを身に着け、葉の付いた枝を持ち、半裸で神輿(みこし)に立った寒單爺役の青年たちに向かって何千発もの

*3 台南市鹽水区の鹽水武廟を中心に鹽水区全域で、元宵節の前日と当日の夜間に行われる。アクセスなど詳細は鹽水区公式HPで確認を。

*4 三国志で知られる劉備に仕えた武将の関羽を神格化したもので、商業の神様としても信仰されている。

*5 台東玄武堂を中心に台東市内全域で、元宵節の前日及び当日の夜間に行われる。路線や日時の詳細は台東市などの公式HPで確認を。

*6 道教の神で趙公明(ちょうこうめい)ともいう。顔が黒く、虎に乗り、財神として信仰を集める。

炸寒單

爆竹を投げ付ける。生身の人間なので、当然からだ中にやけどを負うという壮絶さだ。一説では、かつてならず者として民衆を苦しめた寒單爺が、自分の罪を悔い改めて民衆の砲撃を受け入れたことで、のちに尊敬の念を込めて祀られるようになったという。この祭りをモチーフにした台湾映画『寒單（ハンタン）』（黄朝亮（ファンザオリャン）・監督／2019）では、廟や祭りをめぐる台湾の地域文化が繊細に描かれ、台湾ヤクザ映画などで活躍する鄭人碩（ツエンレンスオ）が凄みのある演技を見せている。刺激をもとめる外国人観光客の参加も増えており、ジェンダー平等の進む昨今では女性も寒單爺役に挑戦できるようになった。

三寒四温

日本でもよく知られる北部平渓（へいけい）地区の「放天燈（台 ばんてんてぃん）」＊7（天燈上げ）もこの日に催される。現在のようにイベント化されたのは1990年代だが、由来をたどれば清朝の頃までさかのぼる。

開拓者の多い当時の台湾で平渓地区は暗い山間部に位置し、街と山を行ったり来たりするには危険が付きものだった。そこで、正月が終わり山へと戻った人々は天燈を上げて互いの無事を知らせた。そのうち天燈上げは、家族や世の中の平安を祈る意味を持つようになった。

＊7　平溪天燈は新北市平渓区の十分遊客中心（十分広場）と平渓国中で、元宵節当日と翌週末に行われる。最寄りは台鉄平渓線の十分駅。詳細は新北市公式ＨＰなどで確認を。

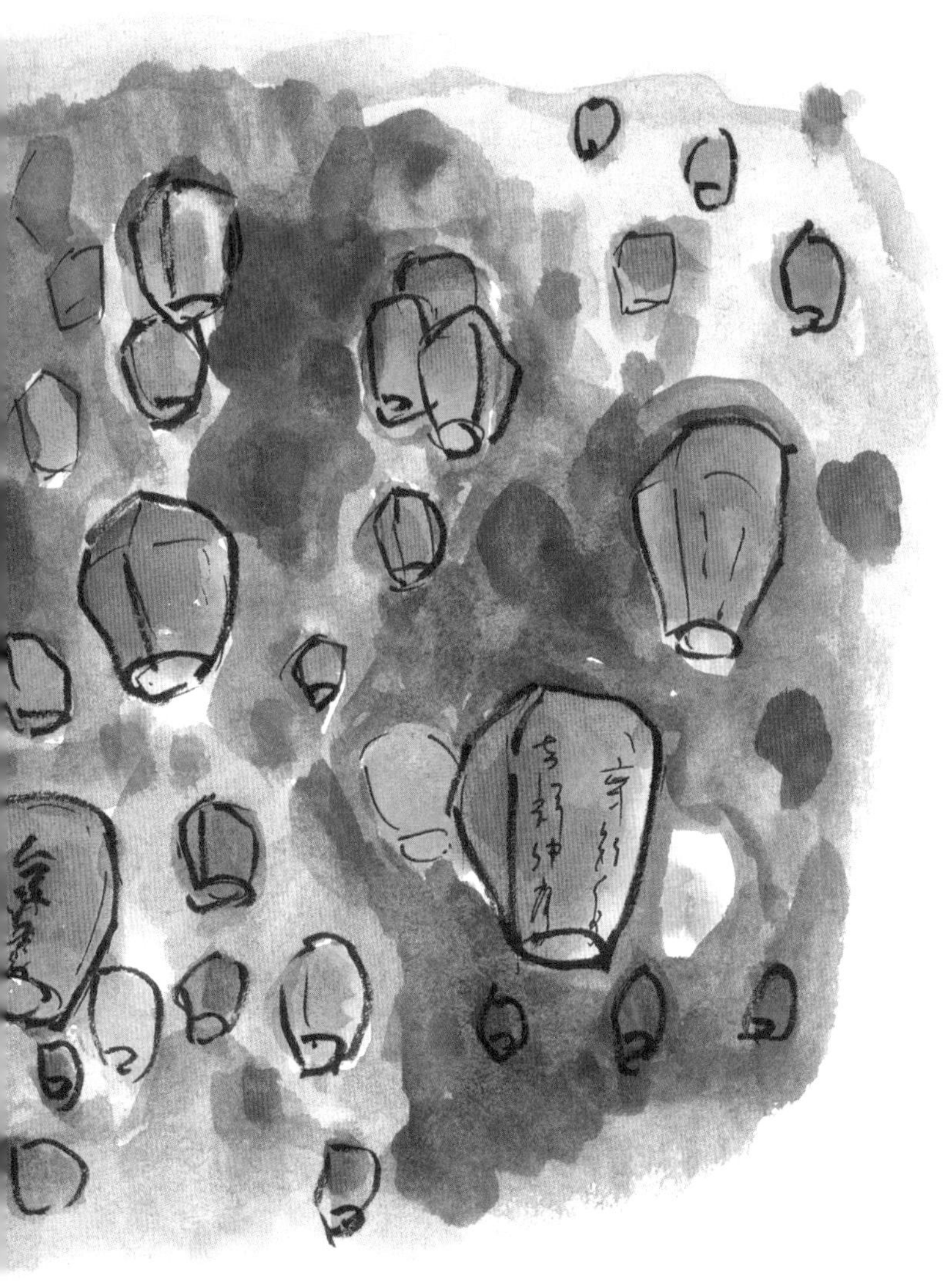

放天燈

また、平渓地区には炭鉱跡といった産業遺産が多く残り、『戀戀風塵』（侯孝賢・監督／1986）など数々の台湾映画の名作の舞台でもある。

現在は平渓線「十分」などの駅でいつでも天燈上げ体験ができて、人気の観光スポットとなっている。しかしこの天燈上げ、天に昇っていく姿はそれはそれは美しいが、燃え尽きたあとのことはあまり知られていない。じつは、近隣の山々で山火事の原因になったり、フクロウなどの野生動物が口にして環境問題にもなっている。汚らしくひしゃげた天燈が川岸に引っ掛かっているのを見かけることもある。人々の願いのこもった天燈がそんな顛末を引き起こしているのを見るのは辛いものだ。年に一度ならともかく、観光としての天燈上げには課題は多いが、地域での清掃活動や環境に負担をかけない材料の開発、法律の整備など、対策も進んでいる。

3日寒い日が続けば4日は暖かくなる、二十四節気の雨水。台湾東部の島「蘭嶼」[*8]では2月末頃から黒潮に乗ってトビウオ群がやってくる。トビウオは蘭嶼に古くから暮らしてきた台湾原住民族・タオ[*9]の人々にとって最も重要な存在で、「アリバンバン」と呼ばれる。蘭嶼での生活を基礎としてタオ族の文化と海洋哲学を文学に昇華しているのが、タオ族の海洋文学作家であるシャマン・ラ

＊8
台東富岡漁港から船で約2時間。富岡漁港までは台東バスターミナルから6キロほど、路線バスが運行。飛行機だと台東空港から約25分。

＊9
台湾南東沖の離島・蘭嶼に暮らす台湾原住民族。タオ族の言葉・タオ語はフィリピンのバタン諸島のイヴァタン族の言葉と似ている。人口は5千人弱。

ポガンさん[*10]。作品は日本でも数多く翻訳出版されている。

彼らの1年の生活はトビウオ漁を中心に進むが、台湾と黒潮で繋（つな）がる沖縄本島、トカラ列島、屋久島、宮崎県の串間にもトビウオ漁とトビウオにまつわる食文化が根付いている。トビウオもまた、移ろう季節のなかで日本と台湾を繋いでいるのだ。

日本のこの季節を想えば、たび重なる積雪の翌日に青く澄み切った空と芽吹く前のエネルギーを蓄えた山の木々の枝たち、そんな風景が思い起こされ懐かしい。しかしスギ花粉アレルギー持ちのわたしは、このときばかりは花粉症に悩まされない台湾にいられることを幸運に思ったりもする。

＊10 日本語に翻訳された作品に『冷海深情』『空の目』『大海に生きる夢』など。

トビウオ

二月の七十二候

日本

立春初候　東風凍を解く（とうふうこおりをとく）
立春次候　黄鶯睍睆く（うぐいすなく）
立春末候　魚氷に上る（うおこおりにあがる）
雨水初候　土脈潤い起こる（どみゃくうるおいおこる）
雨水次候　霞はじめて靆く（かすみはじめてたなびく）
雨水末候　草木萌え動く（そうもくもえうごく）

古代中国

立春初候　東風解凍（東の風が氷を解かし始める）
立春次候　蟄虫始振（冬ごもりの虫が動き始める）
立春末候　魚上氷（割れた氷の間より魚が飛び出る）
雨水初候　獺祭魚（カワウソが魚を岸に並べる）
雨水次候　鴻雁来（ガンが渡り始める）
雨水末候　草木萌動（草木が芽吹き始める）

台湾

立春初候　タイワンザクラ咲く
立春次候　街に赤色あふる
立春末候　花和尚鳴く
雨水初候　水仙の花芳し
雨水次候　元宵節あかり燈る
雨水末候　アリバンバン（トビウオ）黒潮にのる

三月

啓蟄（けいちつ）

――3月6日頃～3月20日頃

春分（しゅんぶん）

――3月21日頃～4月4日頃

ブヌン族の絵暦モニュメント

啓蟄（けいちつ）

泣きやまぬ　虫の涙に　花は笑み

こころ弾む、街のメロディー

台湾の雨季

　ダイニングの机のうらを見たら、うっすらとカビが生えていた。無理もない。もう1か月ぐらいお日様を見ていない。雨水から啓蟄にかけて、台湾は雨季である。土砂降りではなく、シトシトシトシトと止むことを知らないこの季節の雨をホーロー人[*1]は「査某雨（つぁーぼおほお）」というらしい。「査某（つぁーぼお）」は女性の意味で、シクシクと泣き止まない女性の涙のように雨が降るからだそうだ。

　そこで何人かの台湾の友人に尋ねてみたが、「査某雨」という言葉を知っている友人は一人もいなかった。確かに今どきシクシク泣くのは女だけと限らないから、この言葉が廃れるのもしかたない。しかし、アジアで最もジェンダー平等が進んでいる台湾[*2]といえども、時代錯誤とも思えるような伝統的な部分も少なくない。例えば、新郎新婦に贈られるお決まりの言葉「早生貴子（ザオシェングエイヅ）」。「健康な子供を（特に男児を）早く授かるように」という意味で、結婚して初めてこの言葉をかけられた時にはギョッとして心が石化した。現代のジェンダー観でみれ

*1　福建省南部の漳州・泉州・廈門（アモイ）あたりに先祖が元々住んでいた人々を指す。閩南（びんなん）人とも福佬（ふくりょう）人とも言うが、どちらの漢字も差別的な意味合いを含むこともあるため、本書ではホーロー人、またはホーロー地方の表記を採用している。

*2　2019年には同性婚が法制化、また2022年のジェンダーギャップ指数（GGI）は156か国中38位相当でアジアトップ（日本は121位）。

街のメロディー

ば究極の「呪い」の言葉にさえ思えるが、台湾では決まり文句として形骸化し、違和感を覚えることなく使っている人も多い。

長雨も上がり、お日様が出ているというだけで満ち足りてウキウキした気分で路地を歩く。じゅうぶんな水分を蓄えた路上の植物たちから生命力が滴り、日光をもとめて広げた葉が輝く。台湾の建物のベランダにはしばしば鉄製の柵が付いているが、そこに幾つもの植木が並ぶ。五線譜のような鉄製の柵の上を植物たちがまるで音符のように踊っているのを、わたしは「街のメロディー」と名付けた。

街を歩けば、見知らぬ住人が丹精したメロディーがあちこちから流れ出す。今の季節ならそこに、頬紅をさしたように濃いピンク色のタイワンザクラが管楽器のごとくリズミカルにハーモニーを奏でる。八重桜に見紛うモモイロノウゼン[*3]はサンバのレビューショーのように華やかだ。街路樹を見上げれば、木棉(きわた)[*4]がオレンジ色の肉厚の花をつけ始め、台湾南部では黄花風鈴木(おうかふうりんぼく)[*5]と呼ばれる樹が、公園や校庭をイチョウのような黄金色に染める。

ほころぶ花々

旧暦の2月12日は「百花生日(ひゃっかせいじつ)」または「花朝節(かちょうせつ)」とも呼ばれる花々の誕生日で、花木を植えるのに最もふさわしい日とされる。花といえばここ数年、台北近郊の山にハイキングに出かけるようになり、台湾の様々な植物に興味を持って名前などを調べているうちに出会ったのが、フランス人の宣教師で植物学者でもあったユルバン・ジャ

木棉の花

＊3
カリブ海域の熱帯アメリカ原産のノウゼンカズラ科の落葉高木。薄ピンクのラッパ状の花が咲き、台湾では「紅花風鈴木」と呼ばれる。

＊4
熱帯アジア原産の、パンヤ科の落葉高木。開花のあとは、白い綿毛に包まれた小さな種を散らし、種を取り除くと布団や枕のワタとして利用できる。

＊5
コガネノウゼンのこと。ゴールデン・トランペット・ツリーとも。南部の並木が有名。

ン・フォーリーだ。1873年に来日し、日本の青森などに赴任し布教活動をする傍ら、植物採集に熱中したフォーリー神父は、1913年には台湾に渡って精力的に多くの植物標本を作り欧米に紹介、彼が発見した新種の多くが「フォーリー」の名を冠している。しかし山の中に採集に入った際、フォーリー神父の鼻のなかにヒルが侵入。神父は体調を崩し、1915年に台北にて亡くなった。そんなフォーリー神父の記念碑が見られるのが台北植物園だ。[*6] 日本時代の苗圃（びょうほ）や林業試験場を前身として2千種の植物が集まる台北植物園では、初夏に見ごろとなる国立歴史博物館そばの蓮池をはじめ、多様に彩られる季節の花だよりが楽しめる。

この季節、日本の七十二候はこうなっている。

初候　蟄虫戸を啓く（すごもりのむしとをひらく）
次候　桃始めて笑う（ももはじめてわらう）
末候　菜虫蝶と化す（なむしちょうとかす）

この2週間に空気はぐんぐん春めいて、虫たちが動き出す。桃の花が咲き、青虫は蝶となる。桃が「笑う」とは花が咲く意で、硬く緊張していたつぼみが暖

＊6
MRT松山新店線「小南門」より徒歩3分。公式HPにて園内の開花情報を随時更新している。

蘭の花笑う

かさにフウワリゆるんで微笑む、そんなイメージだ。俳句で「山笑う」は春の季語でもある。花の咲くことを「笑う」と表現するようになったのは、古代中国までさかのぼるらしい。漢から六朝、唐の初めにかけて、詩人たちが花のほころびを美しい女性の笑い顔に例えるなど、花鳥風月を擬人化する表現が定着した。

園花笑芳年，池草艷春色。（庭園は花盛り　池のなかの草は生命力にあふれている）

唐の詩人・李白（りはく）の詩にも、春の庭の美しさを詠んだこんな一節がある。「咲」という字は古代中国において本来は「わらう」「えむ」という意味を持つ「笑」の異体字であったのが、中国への使節や中国文化に通じた万葉の歌人たちが日本に輸入するうちに、「花が咲く」という独自の意味を持つにいたる。

現在、台湾でも「花が咲く」といえば「開花」（㊀くぇふぇー*7）などと言って「咲」の字は使わない。また「笑」に「花が咲く」意味はすでにない。今では日本語のなかでのみ、花は「咲き」「笑う」。京都の街並みを見て、台湾や中国の人々が「長安の都のようだ」と感想を漏らすのを聞いたことがある。タイムカプセルのような性格を持つ日本文化に、あらためて面白さと豊かさを感じる。

*7 台湾華語では「カイファー」。

春分（しゅんぶん）

暮らしに息づく風土の知恵
としはじめ お祭りはじめ 今昔（いまむかし）

神々の誕生日

春分の頃、雨のあとにはシロアリが一斉に飛び立ち、街路灯や看板に集まる。

旧正月の行事もあらかた終わった旧暦2月2日は、台湾で最もたくさん祀（まつ）られる神様「土地公（台 とおてんこん）」*1の誕生日で「土地公生（台 とおてんこんせえー）」と呼ばれ、1年のお祭り初めにあたる。土地公は、漢人の古代神話に登場する堯（ぎょう）の帝のころに農業を司る官吏だったといわれ、人々に農耕牧畜をもたらした。

台湾では街を歩いても山に登っても、あちらこちらに土地公の祠や廟が見られる。媽祖（まそ）様*2が海を護る神様とすれば、土地公は道や田畑の畔（あぜ）、地域の境界を護る日本でいう道祖神のような存在だ。

毎月旧暦の2日と16日に行われる土地公への「拝拝（台 ぱいぱい）」*3を「牙（台 げえ）」というが、この旧暦2月2日の事始めを「頭牙（台 たうげえ）」と呼ぶ。土地公は商売繁盛の神様でもあり、商家では特にこの頭牙を大切にする。台湾の農家でも、「頭牙に雨が降れば向こう1年は不作」と言い伝えられる。

*1 台湾における最も身近な神様で、日本の氏神様のような地域を守る存在。

*2 P54「四月・穀雨」参照。

*3 先祖や神様にお供え物をし、線香を手にお祈りをする祭事。

土地公の祠

旧暦の2月25日は、清の時代に台湾へと移住した客家人(ハッカ)[4]や潮州人(ちょうしゅう)[5]たちの守護神のお誕生日で、「三山国王祭(台 さむさんこっおんつぇー)」[6]の日だ。

三山国王とは、中国の広東省・掲陽にある3つの山「明山(めいざん)」「独山(どくざん)」「巾山(きんざん)」を指す。かつてこの地域で何度も洪水が起こった際、三山に祈りを捧げたところ雨は止み、その霊力が讃えられるようになった。命からがら台湾海峡を渡った移民たちは、故郷の神様を心の拠り所(よどころ)として自分たちの土地に廟を建てた。台湾各地の土地に祀られる郷土神を見れば、どこの出身でどんな背景の人々がその地を切り拓いたのかわかる。

台湾の著名な映画監督の王童(ワントン)[7]さんにインタビューした時の、こんな言葉が心に残っている。

「〝原郷(ホームランド)〟とは、そこにたどり着いた先祖が疲れ果てて、もうそこから一歩も動けなくなった場所のことなんだ」

台湾の神様を知り、旅のなかで出会うことは、見知らぬその土地の人々の「原郷」にまで心の旅をすることでもある。

原住民族の暦

じつは台湾には、あまり知られていない暦が一つある。台湾原住民族・ブヌ

＊4 台湾の主要なエスニックグループの一つで、全体の10数パーセントを占める。清代に広東省東北部や福建省西部から移民してきたといわれ、独自の言葉や文化を伝える。

＊5 中国広東省の潮州市や汕頭市のあたりをルーツとし、潮州語を母語とする民族の一系統。潮汕人とも。

＊6 三山国王を祀る廟は台湾各地にあるが、台北から近いのは新北市新荘区の「新荘廣福宮」。

＊7 1942年〜。台湾の映画監督、美術監督、映画プロデューサー。代表作に『バナナ・パラダイス』『無言の丘』『村と爆弾』など。

ン族[*8]の1年の祭事について記された「絵暦」[*9]と呼ばれるものだ。

ブヌン族は台湾の中央山脈に暮らし、日本時代には総督府[*10]によって繰り返し集団移住を強制された悲しい歴史を持つ。

ブヌン族は原住民族のなかで唯一文字を有するなど、古来より高い文明を誇ってきた民族である。現代台湾の原住民族文学者にもブヌン族出身の作家が多いので、先日、国立台湾文学館[*11]の研究者の方にその理由を問うたところ、「ブヌン族の内省的な性質と関係があるかもしれない」と返ってきた。

古代に起こった洪水で文字は失われてしまったものの、1年の農耕や祭典のおぼえがきである絵暦は残された。それによれば、かつてブヌン族の1年は、月の満ち欠けを基準とし12か月に分かれていた。1年の始まりは西暦の11月頃で、そこ

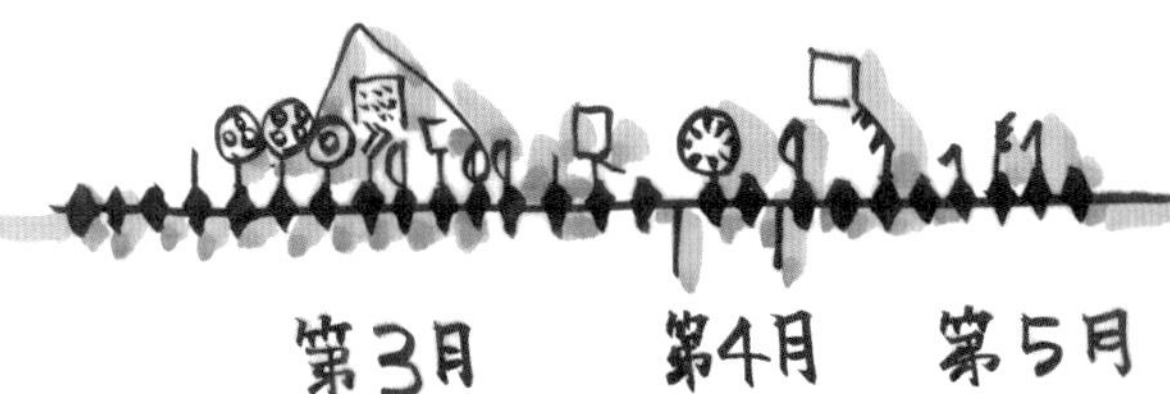

ブヌン族の絵暦

＊8
海抜500～1500メートルの中央山脈両側に暮らし、人口は6万人強。男たちの八声和音のハーモニーは1943年に日本の音楽学者・黒沢隆朝によって西欧へ紹介され、音楽起源研究に影響を与えた。

＊9
台湾大学構内にある台湾大学人類学博物館で参観できる。MRT松山新店線「公館」より徒歩7分、開館時間は月・水・木・金曜10時～16時／土曜 9時～17時。

＊10
日本の台湾統治のため台北に置かれた出先官庁。建築は現在、中華民国総統府に。

から開墾して酒を仕込み、豊穣を祈って祭儀をし、粟の種をまき、狩猟を開始する。そうした行事が象形文字によって暦の上に細かく記されている。春分の時期なら第5月の「粟畑の除草祭り」「粟の発芽祭り」を行うころだろうか。

もう一つ不思議な言い伝えが台湾にはある。古来、原住民族によって伝えられてきた気象予測だ。

「台風草（たいふうそう）」と呼ばれるもので、台湾の山でよく見かける野草だが、茅（かや）のような長い葉の上に折れ線のような跡が入っている。じつはこの折れ目、入っている場所や折れ目の回数によって、その年に来る台風の数や時期を予想できる。例えば、葉の茎に近いほうを旧暦始めあたり、葉の先端を年末とし、もし真ん中あたりに折れ目が入っていれば、6~7月頃に台風の災害が起こるというが、これが結構当たる。日本と同じく台風や地震といった自然災害の多い台湾ならではの、観察と知恵の賜物（たまもの）と言えるだろう。

3月頃から開花するデイゴは台湾で「刺桐（ツートン）」と呼ぶ。北部のケタガラン族や南部のマカタウ族など平地に暮らしてきた原住民族（いわゆる「平埔族（へいほぞく）」*12）にとっての聖なる木で、爆竹のように赤いデイゴの花が咲くと新たな1年の始まりである。デイゴの花は沖縄においては「台風草」の役割を果たし、開花具合でそ

*11 台湾文学に関する資料の収集、整理、展示や収蔵をする国立の文学館。台南市にあり、建築は日本時代の旧台南州庁。

*12 平地に暮らす原住民族を指すが、こうした「族群」の概念はあくまでも植民地の統治側に利便性をもたらすものとして形成された。これらの人々は大量の移民が台湾に来た400年の歴史のなかで独自の文化消失の危機に面してきたが、近年、アイデンティティーと文化復興の取り組みが始まっている。

の年の台風の多さを占うとも聞く。沖縄と台湾を結ぶ「琉球弧」の文化の連なりをも感じられる話である。

台風草

三月の七十二候

日本

啓蟄初候　蟄虫戸を啓く（すごもりのむしとをひらく）
啓蟄次候　桃始めて笑う（ももはじめてわらう）
啓蟄末候　菜虫蝶と化す（なむしちょうとかす）
春分初候　雀始めて巣くう（すずめはじめてすくう）
春分次候　桜始めて開く（さくらはじめてひらく）
春分末候　雷乃声を発す（かみなりこえをはっす）

古代中国

啓蟄初候　桃始華（桃の花が咲き始める）
啓蟄次候　倉庚鳴（ウグイスが鳴く）
啓蟄末候　鷹化為鳩（タカがハトになる）
春分初候　玄鳥至（南からツバメがやってくる）
春分次候　雷乃発声（遠くで雷が鳴り始める）
春分末候　始雷（稲光が初めて光る）

台湾

啓蟄初候　街のメロディー聴こゆ
啓蟄次候　雨泣き止まず
啓蟄末候　木棉花をつける
春分初候　シロアリ街路灯にむらがる
春分次候　台風草にうらなう
春分末候　デイゴ咲く

四月

清明（せいめい）

4月5日頃～4月19日頃

穀雨（こくう）

4月20日頃～5月5日頃

踏青

清明（せいめい）

青を踏み霞む山脈　夏きたる

ハイキングで楽しむ、地形のダイナミズム

清明節の墓参り

清明といえば、台湾では国定祝日を入れて4日程度の連休となり、「培墓（ぷえぼん）」、「掃墓（サオムー）」といって、先祖のお墓参りをするのが習わしだ。また、その前後に山登りやハイキングを楽しむことを「踏青（とうせい）」といい、晩春の爽やかな空気を味わえる。穀雨を過ぎれば、暦の上ではもう夏である。

台北市の北側に広がる「陽明山（ようめいさん）」*1は国家公園だが、台北市街からはバスや自家用車で1時間以内には登山口に到着でき、思い思いの登山ルートを楽しめる。こんなにも国家公園に近いキャピタルシティは、台北をおいてなかなか思いつかない。台北

*1
800〜1200メートルの大屯（だいとん）火山群からなっている国定公園で、日本時代は「草山」と呼ばれた。MRT淡水線「剣潭」から陽明山バスターミナルまでバスで30分ほど。

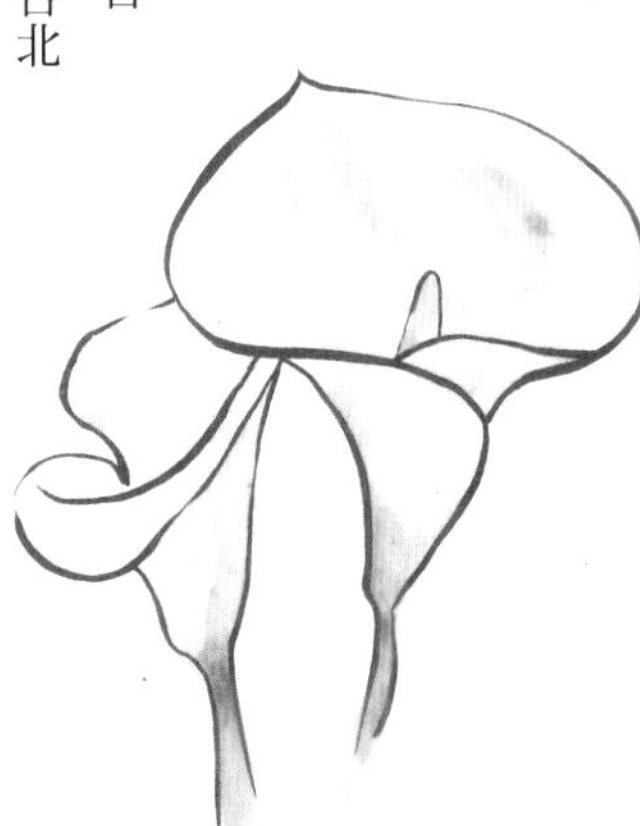

海芋

郊外の山に出かけるたび、台湾独特の植物や鳥を見られるのが最近の何よりの楽しみとなった。この時期は、陽明山名物の「海芋（カラー）」の花が満開だ。山頂から見わたす山々はあらゆる種類の緑色を湛えたゴブラン織りのように美しい。

さて、清明節に墓参りをするようになった由来には諸説あるが、よく知られているのにこんな話がある。かなりツッコミどころ満載なので、いささか紹介するのを躊躇（ためら）うのだが……。

――春秋戦国*2の時代、のちに天下の覇者となった晋国の文公は若いころ、介之推（かいしすい）という名の家臣を伴い、戦乱を避け放浪していた。幾日も食べ物を口にしていない文公は気も狂わんばかり。ようやく農村にたどり着き食べ物を乞うたが、「こんな世の中で自分が食べるものさえないのに、おまえにやるものなぞない。どうしても食いたけりゃ泥でも食え」と追い返されて絶望し、泣き出してしまう。見かねた家臣の介之推は再び村に入り、一椀の肉入りスープを持って戻ってきた。文公は喜んで一息にスープを飲み干す。ようやく生き返った心地であった。

ふと傍らにいる介之推を見ると、青い顔をして足からは血がダラダラと流れ

*2 紀元前770～紀元前221年。周が都を洛邑に移してから、秦が中国全土を統一するまで。晋が韓・魏・趙に分裂するまでを春秋時代、それ以降を戦国時代と呼ぶ。

ている。文公が再三問い詰めたところ、じつはあのスープは自分の太腿を切り落として煮たものだと介之推が告白したので、文公は深く感動したのだった。

やがて戦乱は収まり、国に戻った文公は晋国の君主となる。功績のあった者たちには報奨が与えられたが、いろいろあって介之推だけは報われないままである。失意の介之推は母親を連れて山に入り、隠遁生活を始める。一方、介之推がかつて自分の腿を切り落としてまで自分の命を救ってくれたことを思い出した文公は、その働きに報いなかったことを後悔し、介之推の暮らす山へと向かう。

山は深く、分け入っても分け入っても介之推は見つからない。

「そうだ、山火事になれば介之推母子も驚いて出てくるだろう」

そう思い、文公は山に火を放つ。火は三日三晩山を焼き尽くしたがついに母子は現れず、焼け残った大木のそばで抱き合ったまま黒焦げになっていた。

文公は自責の念にかられ、介之推を悼んで清明節の前日（冬至より数えて105日目）には火を使うことを禁じるお触れを出した。これを「寒食節（かんじきせつ）」といい、この日は冷たい食事を取ることが習わしとなった。また清明節には門前に柳の木を飾って介之推の霊をまねき、野山に遊んで介之推の霊を慰め、先賢を敬うことから転じて清明節は墓参りの日になったという――

あまりにも介之推とお母さんが気の毒すぎるし、文公の横暴さに開いた口が塞がらない。火を禁じられた寒食節も当初は1か月ほどもあり、庶民はビスケットに麦芽糖（水飴）を付けて食べるなどして凌いでいたらしい。さらに千年以上をかけて、寒食節はだんだん短く1週間から3日となり、現代では清明節の前日1日のみとなった。しかし唐代には、もし火を使ったことがバレれば死罪というほどのタブーだった。

　そんな寒食節、台湾では「潤餅（台 ずんびやん）」*3と言って、いろんな食材を春巻きの皮で手巻きし、火を使わずにそのまま食べる。この時期になれば潤餅の有名店には行列ができるし、台湾南部では中身や皮も手作りし、墓参りのために帰省した家族みんなで潤餅を楽しむ家庭も少なくない。また麦芽糖をビスケットで挟んだ「麦芽餅（マイヤービン）」をおやつに食べる地域もある。

潤餅

*3　台湾式の生春巻き。台湾華語では「ルォンビン」。

金面山（きんめんざん）に登る

さて、とある年の清明節に台北市内は内湖（ネイフー）にある「金面山（きんめんざん）」[4]に登った。石の性質のため太陽が当たると金色にきらきらと輝くことからこの名が付いたという。実際、登りながら石に触れていると、その砂岩石英を含んだ安山岩のぎゅっと引き締まった岩質や、薄桃色の入り混じった岩肌に見覚えがあった。

金面山といえば、清代に今の総統府あたりに作られた台北城[5]の石の産地。日本時代、児玉源太郎[6]台湾総督の時に撤去された台北城の壁は、台大医院旧館[7]の壁や金山南路に残る旧台北刑務所[8]の壁跡としてひっそりとリサイクルされ、今も台北市内のいたる所で見ることができる。

何億年もまえの古生代にフィリピン海プレートがユーラシアプレートに潜り込む際、海底の地下に溜まったマグマが噴き出して火山爆発し、盛り上がった山に大きな安山岩が降り注いだのが今の金面山の大岩である。それがこんなにも高い場所から人の手で切り出され、基隆河（ジーロンフー）で運ばれたのだという想像は、台北という街のダイナミズムを

*4
海抜258メートル、ハイキングルートには当時の採石場も。台北MRT文湖線「西湖」で下車、登山口まで徒歩約10分。

*5
城は、日本のような城ではなく、城郭に囲まれた街のこと。1875年に台北府が設置されたのち、1884年に竣工。北は今の忠孝西路一段、東は中山南路、南は愛國西路、西は中華路一段までのエリアに位置した。

*6
1852〜1906年。明治時代の軍人、政治家。第4代台湾総督として後藤新平と共に台湾のインフラを整備した。

がつんと感じさせてくれる。歴史と地形を感じながら街歩きや自然を楽しむ、それもまた台湾の楽しみ方の一つだろう。

＊7
国立台湾大学附設医院。旧館は日本時代の台北帝国大学医学部の医院。近藤十郎の設計で1924年に竣工。MRT淡水線「台大医院」下車すぐ。

＊8
「明治五大監獄」を手掛けた山下啓次郎と福田東吾が設計。金山南路2段44巷（中華電信の隣）に残る壁には処刑された遺体を運び出した門の跡がある。

金面山

穀雨（こくう）

ジェンダー先進国・台湾で最も愛される神様

媽祖（まそ）様へ 空にも山にも花の束

魚木花（ぎょぼくか）と油桐（あぶらぎり）

角を曲がったら巨大な花束が空に浮かんでいた。

いや違った。花束のような大きな樹。熱帯に分布する「魚木（ぎょぼく）」[*1]と呼ばれる植物である。四月になると、台北市にある台湾大学キャンパスに近い台湾電力の敷地で、アパートメントの3階まで届きそうな魚木が一面に花をつける。なんでも30年ほど前に台湾電力職員が植えたのが育ったもので、台北のこの季節の風物詩である。初めてこの樹を見た時には驚いた。日本では、こんなにも大きな樹を覆うように花が咲くのを見たことがなかったからだ。よく見ると、花は3層の色に分かれている。上から白・黄色と葉の黄緑。そこからツツジに似た長いまつげのような花芯がのぞく。その様子が蜘蛛の足にも似ていることから、英語名を「スパイダーツリー」と言うらしい。

黄昏（たそがれ）どきは魚木花が一番魅惑的なマジックアワーだ。初夏を思わせる4月の空気のなか、暮れなずむ街をバックに卵色の花をモコモコと咲かせた魚木が浮

*1 フウチョウソウ科の落葉高木。台湾電力敷地内の魚木へのアクセスは、台北MRT新店線「台電大楼」下車、徒歩5分、温州公園そば。羅斯福路三段283巷30号。

*2 トウダイグサ料の落葉高木。「ヤマギリ」「イヌギリ」「アブラギ」とも。

魚木

かび上がる。白熱灯の光に暖かみを感じて誰かと食事を囲みたくなるように、魚木花を見かけると写真を撮っては心に浮かんだ親しい人に送りたくなる。

花束といえば、台湾の山あいにもこの季節ならではの贈り物が咲く。「油桐（あぶらぎり）」*2だ。一説によれば「ねえ、油桐の花、いつ見に行く?」という一言が、デートの誘い文句だった時代もあったらしい。油桐は日本の九州などでも生育し、多くの油を含む種子を利用して提灯や油紙が作られてきた。台湾では、日本時代に資源として中国大陸から持ち込まれ台湾西部の山あいに植えられたが、ちょうど台湾客家の暮らす地域と重なることから、油桐花は台湾客家のシンボルとなった。満開を過ぎて5月前後に散り始め、山道を真っ白に染めるので「五月雪（ごがつゆき）」とも呼ばれる。「五月雪を見に行かない?」なんて、なかなかロマンチックな誘い文句ではないだろうか。

　このころ、台湾固有種の美しい鳥「台湾藍鵲（タイワンランチュエ）」（ヤマムスメ）[*3]を山に近い公園などでよく見かけるようになる。繁殖期に入ったヤマムスメの親鳥はヒナを守るために気持ちが昂（たかぶ）っており、通行人の頭に襲いかかることもある。

媽祖（まそ）様の結婚

　さて、4月には台湾の人々にとって大事なお祭りがある。台湾で最も信仰を集める媽祖様の誕生日の大巡行パレード「媽祖生（まーつおーせー）」で、台湾媽祖信仰の中心である雲林県「北港朝天宮（ほっこうちょうてんぐう）」[*4]の巡行は「国家重要民俗」にも指定されている。媽祖様のお誕生日が旧暦の3月23日なので、旧暦3月19日より台湾各地で巡行が始まり、誕生日の当日は目一杯のお供え物をして盛大に祝う。最近は台湾文化を再発見しようとする潮流もあり、若い世

油桐

*3
スズメ目カラス科の鳥。台湾名「台湾藍鵲」の意は「タイワンアオカササギ」。長い尾羽が特徴的。頭は黒く、胴と翼は濃い青、クチバシと足は赤で、尾羽の先端だけが白い。

*4
台鉄台中駅からバス、または高鉄嘉義駅からバスに乗り換え、北港で下車。雲林県北港鎮中山路178号。巡行は毎年旧暦の3月19・20日。詳細は公式HPなどで確認を。

代の参加もめずらしくない。

媽祖様は中国北宋時代[＊5]の福建沿海に生まれ、本名を「林黙娘（リンモウニャン）」といった。生まれてから1か月も泣き声を上げなかったため、この名が付いたらしい。幼いころから神通力を持っており、予知をしては人を助け、修行を積んで28歳で天に召された。その後は海を行く船を嵐や台風から幾度も救い、航海の守護神として崇（あが）められるようになった。

台湾には17世紀から台湾海峡の荒波を乗り越えてきた移民が多く、漁業も盛んなため、海の守護神への信仰は深まり、現在では自然災害や疫病にもご利益があると信じられている。春から初夏に移り変わるこの媽祖生の頃には、急に寒くなったり、雨や暴風雨が吹くことが少なくなく、「大道公風，媽祖婆雨（大道公（だいどうこう）の風、媽祖の雨）」と呼びならわすのだが、それには、こんな興味深い伝説がある。

台湾で広く信仰を集める「大道公」またの名を「保生大帝（ほせいたいてい）」という医学の神様は、海上の巡視をしてまわる媽祖に一目ぼれをする。何度も顔を合わせるうちに媽祖も保生大帝を憎からず思うようになり、二人は結婚を決める。結婚式の当日、花嫁の神輿に乗って保生大帝のもとに向かう途中、媽祖は難産で苦しむ母羊に出会う。羊のお産を助けながら、結婚して「イエ」に入り子供を産み

＊5 960〜1127年。宋王朝のうち、華北に都があった時代。金に華北を奪われ、南遷した後を南宋時代。

媽祖様

育てることの大変さに思いいたった媽祖の心に、結婚を後悔する気持ちがわき始める。保生大帝は手を尽くして説得を試みるが、結婚をやめて「海の守護神」であり続けたいという媽祖の心は変わらず、ついに破談。媽祖の不義理に怒った保生大帝はそれ以来、媽祖のお化粧をくずしてやろうと媽祖生巡行の日には雨を降らせるようになった。また、媽祖も負けていられぬと、旧暦3月15日の保生大帝の誕生日の巡行には帽子を吹き飛ばすような大風を吹かせる。これが、今もこの時期のお天気が荒れやすい理由だという。

昔の女性は結婚して家庭に入り、子供を産み育てるのが当たり前だった。特に儒教という厳しい規律のある漢人社会では、夫が死ねば妻は公衆の面前で首を吊らねばならぬというほど、夫とイエに対して徹底的に貞節を誓わされた時代もあった。それなのに媽祖はそうしたイエの鎖を拒否し、自分の仕事を全うすることを望んだ。しかも、保生大帝の嫌がらせにやり返してさえいる。

さっすが、アジアトップのジェンダー平等国・台湾で一番信仰されている女神様だなあ。もしかしたら、媽祖は東アジアで最も早くみずから仕事の道を選び取った「フェミニスト」と言えるかもしれない。

四月の七十二候

日本

清明初候　玄鳥至る（つばめきたる）
清明次候　鴻雁北へかえる（がんきたへかえる）
清明末候　虹始めて見る（にじはじめてあらわる）
穀雨初候　葭始めて生ず（あしはじめてしょうず）
穀雨次候　霜止んで苗出ず（しもやんでなえいず）
穀雨末候　牡丹華さく（ぼたんはなさく）

古代中国

清明初候　桐始華（桐の花が咲き始める）
清明次候　田鼠化為鴽（田ネズミがウズラになる）
清明末候　虹始見（雨のあと虹が出始める）
穀雨初候　萍始生（浮き草が芽を出す）
穀雨次候　鳴鳩払其羽（キジバトが羽を払う）
穀雨末候　戴勝降于桑（ヤツガシラが桑の木で蚕を生む）

台湾

清明初候　雨紛紛の墓参り
清明次候　踏青の山笑う
清明末候　陽明山カラー咲く
穀雨初候　油桐咲く
穀雨次候　媽祖様と歩く
穀雨末候　ヤマムスメ荒ぶる

五月

立夏（りっか）

5月6日頃～5月20日頃

小満（しょうまん）

5月21日頃～6月5日頃

烏山頭ダム

立夏（りっか）

フルーツは季節のおもてなし
くだもの屋店先ならぶ宝石（たからいし）

フルーツと瓜

「夏」という漢字が元々表すのは「大」、万物を成長させる季節という意味らしい。立夏になれば、本格的な夏の日差しが万物に降り注ぎ始める台湾・台北市。

この季節のお楽しみは、なんといっても台湾フルーツ。日本でも最近人気の台湾パイナップルの時期が終われば、次はライチの旬がやってくる。鎧（よろい）のような硬くゴツゴツとした皮をビリッとむけば、なかから透き通った白い玉（ぎょく）のような果実がつるりと姿を現し、のどがゴクリと鳴る。一口食（は）めば芳烈（ほうれつ）な水分がとろり舌に漏れ出てくる、なんともエロティックな果物である。

「土（つち）マンゴー」という小ぶりのマンゴーも姿を見せ

ライチ

ヘチマとハマグリの料理

始める。日本で知られるアップルマンゴーより小粒で果肉は少ないが、ほどよい酸味としっかりした薫りがあり、心待ちにしている人も少なくない。果物屋の店先に並んだ土マンゴーには決まって霧がシュシュッと吹きかけられ、エメラルドグリーン色したスウェードのような肌が汗をかいたように濡れて光る。台湾語では、美しいことを「水（すい）」と言うのだが、それは水の滴るようなフルーツの瑞々しさを形容したのではないかしらん……と、マンゴーに見惚（みと）れながら考えている。

　スイカ（西瓜）が出てくるのも立夏の頃だ。こちらのスイカは楕円形でしましま模様はなく、全体的に黄緑色をしてギョッとするほど大きい。日本のものより水っぽいのでジュースにしてもよく、水を飲む代わりにスイカを食べる。

　ヘチマ（絲瓜）も夏の食材で、ハマグリと鶏スープで炒めると絶品だ。日本でヘチマはもっぱらタワシや化粧水をこしらえるばかりだから（沖縄では食用にする）、ヘチマの美味しさも台湾に来てから覚えたことであった。瓜科の食べ物はカリウム豊富、暑さが増すとからだに溜まった熱をむくみといっしょに排出してくれる。南国の夏の親しい友みたいな存在である。

古代中国に生まれた七十二候の立夏の候でも、

初候　螻蟈鳴（オケラが鳴き始める）

次候　蚯蚓出（ミミズが出てくる）

末候　王瓜生（カラスウリがなる）

とあり、夏瓜が登場する。

古代中国の陰陽五行思想[*1]を元に生まれた暦・二十四節気は、天地の陰陽の気のバランスから成り立っている。季節の移ろいのなかで増減する「気」に、動植物たちは敏感だ。立夏から小満にかけて日ごと漲る太陽の力と共に、「陽」の気もいや増し、反比例して「陰」の気は失われる。立夏の陽に惹かれて姿を見せる半陰半陽のミミズは活力ある土の象徴だ。夜行性のオケラが鳴き声を上げるのは、減ってゆく陰の気を惜しんでのことだろうか？

視点がミクロから天地にまで広がる壮大な世界観。そこに点景のように描かれる生き物たちの可憐な営み。そんな自然現象の細やかな観察が、種をまく、田

＊1
世界の森羅万象は「陰・陽」2つの「気」のバランスにより変化し、それは相剋・相生する「木・火・土・金・水」という5つの基本的要素で成り立っているとする、古代中国で生まれた哲学思想。

に水を入れる、稲を植える、田畑の除草をするといった農作業の大切な目安となってきた。

ちなみに日本版七十二節気の小満の候は、

初候　蚕（かいこ）起きて桑を食う
次候　紅花（べにばな）栄う
末候　麦秋（ばくしゅう）至る

である。絹を産む蚕たちが桑の葉をわしゃわしゃと食む雨降りのような音。5月の真っ青な空の下に照り映えるベニバナ。黄金色の波が風になびく麦の収穫期。音と映像が鮮やかに想起される、なんとも美しい日本の暦だ。

月日の旅人

ところで、5月16日が日本の「旅の日」であると最近初めて知った。なんでも、俳人・松尾芭蕉が江戸を発って『おくのほそ道』の旅へと出かけた日が元禄2（1689）年3月27日、つまり新暦5月16日というのである。世界中で知られる紀行作品『おくのほそ道』が、松尾芭蕉によって書かれたのは約300年前。李登輝（りとうき）元総統*2がその足跡をたどったことから台湾でも知られるようになり、台湾華語でも翻訳出版されている。『おくのほそ道』の冒頭は、こんなふう

*2
1923〜2020年。台湾の政治家。中華民国第4代総統であり、「台湾民主化の父」と評価される。日本統治下で高等教育を受け「22歳まで日本人だった」と語るなど、台湾の日本語教育世代への日本におけるイメージを決定づけた。

に始まる。

——月日は百代の過客にして、行きかふ年もまた旅人なり。舟の上に生涯をうかべ、馬の口とらへて老いをむかふるものは、日々旅にして、旅を栖とす——

わたしの「栖来」というペンネームの「栖」という字、じつはここから一字をいただいている。台湾での暮らしがまるで、旅の上にあるようだと感じているからだ。

例えばいつものスーパーの帰り道、角を曲がった途端に響いたポン菓子売りの爆発音にびっくりしたとき。

道教の神様の誕生日を祝う、2メートルほどもある大きな人形たちのパレードとすれ違ったとき。

いつもの生活圏が、日本時代に「昭和町」[*3]という名前だったことを知ったとき。

近所の果物屋の店先に、昨日まではなかった旬の果物を見つけたとき。

夫天地者，萬物之逆旅。光陰者，百代之過客。

＊3
1922年以降、日本統治下で日本式に改称された台北市の町名の一つ。現在の台湾大学周辺で、青田街や温州街のあたりを指す。

芭蕉が書いた『おくのほそ道』の冒頭は、じつは唐の詩人・李白のこんな詩を下敷きにしている。「天地は万物を迎え入れる宿のようなもので、過ぎ去る時間は永遠の旅人である」というのだ。だとすれば、二十四節気、七十二候ってなんだろう？

万物を迎え入れる宿の、それぞれのお部屋の名前みたいなものかなと思いついた。今は「立夏の間」に泊まっていて、次は「小満の間」に泊まる、そんな感じである。

そうか。では言うなれば、ライチやマンゴーは部屋に置かれたウエルカム・フルーツだ。季節の移ろいの味わいとは、天地からわたしたちへの「おもてなし」なのだ。

天地のおもてなし

小満（しょうまん）

台風の梅雨は一足先にやってくる

花薫り水は満つるし八田祭

玉蘭（ぎょくらん）の薫り

5月になると台湾は、日本より一足先に梅雨に入る。台湾の梅雨は薫りの季節だ。夜も更けるころ、開け放したベランダから夜香木（やこうぼく）*1の甘やかな匂いが雨音といっしょに忍び込んでくる。日暮れとともに星型の小さな花弁を広げジャスミンに似た芳香を放つ夜香木は、「ナイトジャスミン」とも呼ばれる。街では玉蘭（ぎょくらん）*2（マグノリア）や、チューベローズの花売りをしばしば見かけるようになる。台湾語では「売花（台べえふぇー）」と言って、この季節の台湾俳句*3の季語でもある。

「南国の夏は暑く汗をかきやすい。洗髪や入浴のあとに香りの花を髪に飾ることは婦女の嗜みでもあった。いわば香水でもあり、アクセサリーでもあった」

『台湾俳句歳時記』黄霊芝（こうれいし）・著

現代ではそうした姿を見かけることはあまりないが、タクシーや自家用車で

*1 ナス科の低木。西インド諸島原産で、南アジアにも自生。

*2 ギンコウボク（銀厚朴）。モクレン科の常緑高木で、中国南部、熱帯アジア原産。この花から抽出した精油は「マグノリアオイル」と呼ばれる。

*3 日本統治下から戦後に受けつがれた台湾における文芸のージャンル。台湾俳句に使用される台湾ならではの季語をまとめた『台湾俳句歳時記』は本書の主要参考文献である。

芳香剤代わりに車内に掛けられている。花売りは交差点や地下鉄の駅など人通りの多い場所に立っていて、台北で買えば一つ20元ぐらい[*4]。夜明け前に南部の栽培農家が摘み取って低温で都市部まで運ばれた花は、3房ほどを一組にして針金を通し、花売りがざるに載せて信号待ちの車や廟の前をゆく人々に声をかける。花売りには身体に障碍（しょうがい）のある人や高齢の女性も多い。新鮮なうちに売り切らねばならない大変な労働でもある。しかし、この仕事で何人もの子供を大きくしたり家を買ったりしたベテランも少なくないそうで、玉蘭産業はこれまで多くの経済的に厳しい家庭を支えてきた。

台湾の見慣れた風景である玉蘭売りだが、栽培農家から出荷・卸・小売にいたるまでの一種独特な流通網は、関係者以外にほとんど知られていなかった。そ

夜香木

＊4　日本円で約90円（2023年4月時点の為替レート）。

れをつまびらかにしたのが、彰化(しょうか)県や屛東(へいとう)県の玉蘭農家の花摘みから街で売られるまでの過程を写真に収めてきた写真アーティスト、沈昭良(シエンザオリヤン)さん[*5]の作品『玉蘭』シリーズだ。庶民文化や信仰習俗、格差のはげしい台湾社会の暗部、再開発のために玉蘭の樹が切り倒されるなど、社会変化によって徐々に失われていく伝統的風景への哀惜、そして純白の玉蘭の花が持つエロティシズムが白黒の写真世界から匂い立ってくる。

最近は感染症の流行もあり、人同士の接触が倦厭(けんえん)されるなど、玉蘭産業も大きな打撃を受けているらしい。それを聞いてわたしも、花売りを見かけるとなるべく買い求めるようにしている。湿度が高ければ花はとりわけよく香る。買ったばかりの花の房を指の先に引っ掛けて濡れた街を歩けば、優雅な薫りがじめじめとした天気に陰る心を軽やかにしてくれる。

この時期、台湾の離島である馬祖(まそ)[*6]では、名物の養殖ムール貝がむくむく太って食べごろだ。これから10月頃までが馬祖産ムール貝の旬で、クール便で取り寄せてニンニクで酒蒸しにし、キンキンに冷やした白ワインを合わせればこの上ない台湾の夏のごちそうである。

*5
台湾の写真家、アーティスト。『玉蘭』（2001～2008）のほか、東京の築地魚市場、台湾のステージトレーラーを記録した写真シリーズで知られる。

*6
連江県に属し、台北から北西に向かって飛行機で1時間弱。中華人民共和国に近い国境の島々で、合計36個の島から成る。

「売花」の玉蘭花

毎年5月8日は「八田祭」がある。「八田祭」の八田とは、明治19（１８８６）年に石川県金沢市で生まれ、日本時代の台湾総督府に在籍した水利技術者・八田與一のことだ。八田與一が台湾南部に造った灌漑施設は15万ヘクタールの土地をうるおし、サトウキビの生産は4倍、米の生産は11倍に飛躍した。現在は農地のみならず、半導体など台湾にとって重要なハイテク産業にも水を供給している。

台湾では、数多くの実在の人物が死後に神様として各地で祀られている。生前に大きな功績のある人だったり、悲惨な死に方をした人の祟りへの恐れだったり、祟るような強い霊力にあやかったりと祀る背景はさまざまで、１８００年代に遭難したアメリカ商船の船長夫人を祀ったといわれる廟もある。

台湾を植民統治していた時代の日本人にも、神様として祀られるか地元で神様のように慕われる例が幾つかある。なかでも、八田與一は台湾で最も有名な日本人と言ってよく、その業績は台湾の子供たちの教科書でも紹介されているし、日本統治下の台湾から甲子園初出場で準優勝を果たした実在チームを描いた台湾映画『ＫＡＮＯ　１９３１　海の向こうの甲子園』*7にも登場し、大沢たか

＊7　監督・馬志翔（マー・ジーシァン）、2014年作品。プロデューサーは『海角七号　君想う、国境の南』『セデック・バレ』を監督した魏徳聖（ウェイ・ダーセン）。嘉義のロータリーには、映画のモデルとなった嘉義農林学校の当時のエース・呉明捷（ごめいしょう）の像が立つ。

おが演じている。

そもそも日本では1917年からの米価の高騰で暴動が起こり、1918年には日本史上最大の民衆暴動「米騒動」へと発展した。食糧不足の日本にとっては米の確保が急務で、期待されたのが当時の植民地・台湾での米の増産である。八田らが台湾全土の調査を行ったなかでも、特に嘉義（かぎ）から台南の嘉南（かなん）平原は広大な平野と川を持つにもかかわらず、降雨量が少なく日照りつづき、沿岸部は塩分濃度が高いなどの理由で農民らは飲み水にも欠く状態だったという。そこで10年の歳月をかけて嘉南の地に造られたのが、烏山頭（うざんとう）ダム*8と灌漑水路の嘉南大圳（かなんたいしゅう）だった。

八田與一が亡くなったのは1942年の5月8日。すでに太平洋戦争が始まっているなか、灌漑調査のためフィリピンに向かう途中で船がアメリカの潜水艦の魚雷攻撃を受けて死亡した。八田が亡くなったあとには妻の外代樹（とよき）が夫を追うように烏山頭ダムの放水路に身を投げた。終戦を迎えて日本は台湾から去り、代わりに中華民国が台湾および嘉南大圳水利組合を接収した。そして1946年、台湾の人々の手で烏山頭ダムのそばに八田夫妻の墓が建立され、以来一度も欠かすことなく八田與一の命日5月8日には水利組合によって墓前祭

*8 台鉄台南駅から約30分の善化駅で「八田與一紀念園区」「烏山頭水庫風景区」行きのバスに乗り換えて1時間弱。タクシー利用の場合は、隆田駅から約10分。

が行われているという。

建設当時は地元の多くの農民が反対したのみならず、トンネル工事の事故などで少なくない工員が犠牲になるなど、建設は決して順調とはいえなかった。また
ダムや灌漑施設が造られた背景には、台湾を日本の穀物倉庫にする「宗主国」の思惑があった。にもかかわらず、今でも八田與一が台湾で敬愛されているのは、穀倉地帯に生まれ変わった嘉南の地が現在にいたるまで豊かさを産み出しつづけていること、もう一つは、ひとえに真心のある人物だったこと——事故で犠牲者が出ると泣きながら一軒一軒に謝罪してまわり、台湾人・日本人分け隔てなく殉工碑に名を刻み、人員削減の際には「優秀な日本人は他にすぐ仕事が見つかるだろう」との理由で日本人の優秀な工員からリストラし、諦めずに夢と希望を持ちつづけた——その思いが民族や時代を越えて水のように流れつづけているからかもしれない。

2022年の八田祭に、わたしも初めて参列する機会を得た。墓前に供えられたパパイヤや竜眼(りゅうがん)など宝石のような果物の数々や、蓬萊米(ほうらいまい)*9で作られたお酒。さらに八田與一の銅像の視線の先に見える烏山頭ダムを眺めていると、台湾の人々が自分の土地を大切に思う心、歴史を大事にし未来に繋げていこうとする意欲

*9 台湾で生産される米の品種。日本時代に在来米と日本米の交配によって品種改良された米で、台湾総督府に勤めていた農学者の磯永吉と末永仁が開発に取り組んだ。

がひしひしと感じられた。台湾の地をうるおす梅雨の雨音を聴きながら、あのカワセミのようなエメラルドグリーンに輝く烏山頭ダムの水面にも、この雨が降っているのを想像する。

八田與一の像

五月の七十二候

日本

立夏初候　蛙始めて鳴く（かわずはじめてなく）
立夏次候　蚯蚓出ずる（みみずいずる）
立夏末候　竹笋生ず（たけのこしょうず）
小満初候　蚕起きて桑を食う（かいこおきてくわをくう）
小満次候　紅花栄う（べにばなさかう）
小満末候　麦秋至る（ばくしゅういたる）

古代中国

立夏初候　螻蟈鳴（オケラが鳴き始める）
立夏次候　蚯蚓出（ミミズが出てくる）
立夏末候　王瓜生（カラスウリがなる）
小満初候　苦菜秀（ニガナがよく茂る）
小満次候　靡草死（ナズナなど田の草が枯れる）
小満末候　小暑至（ようやく暑さが加わり始める）

台湾

立夏初候　パイナップルの甘み増す
立夏次候　ライチ色づく
立夏末候　土マンゴー光る
小満初候　玉蘭売り多く
小満次候　馬祖のムール貝太る
小満末候　夜香木かおる

六月

芒種（ぼうしゅ）

6月6日頃〜6月20日頃

夏至（げし）

6月21日頃〜7月6日頃

煮梅を売る店

芒種（ぼうしゅ）

粽（ちまき）食べるまで冬物しまうな

鹿港（ろーかん）の風思い出す端午節

梅雨の梅仕事

ここ数年、台湾にあまり台風が来ない。その上、雨季にもほとんど雨が降らないことが重なったある年、台湾全土は歴史的な渇水状態となった。特に中南部でひどく、多くのダムで貯水率が数パーセントまで下がり、観光地として知られる美しい湖「日月潭（リーユエタン）」*1もかつてないほど干上がってしまった。台湾経済を支える半導体産業も多くの水を必要とするので、この渇水はまさに国家的危機であったが、その翌年にようやく台湾各地で雨が降りはじめ、事なきを得たのである。

おかげでさすがにそのときは、「あー雨いやだな、うっとうしいな」と思わなかった。一粒一粒が乾いた地に染み込み、土が身を柔らかくする。緑たちが歓喜の聲を上げる。一滴でも多くの水をおなかに貯め込もうとダムは口を大きく開けている。そんなイメージが雨音といっしょに脳の中に降ってきて、まさしく「慈雨（じう）」だと思った。が、しばらくすると今度は各地で浸水被害が発生した。

*1 南投県にある台湾最大の湖で、日月潭紅茶の産地。台湾原住民サオ族の居住地でもある。「台湾好行」バスで高鉄台中駅より約1時間半、台鉄台中駅より約2時間弱。

まったくもって痛しかゆしである。

梅雨といえば、梅仕事。台湾でも梅を塩や砂糖で煮る「煮梅」を作る。「煮梅」は古代中国より記録があり、青い梅を一度乾かして塩水で茹でたり、砂糖漬けにしたりしたものだ。それが日本に伝わって今の梅干しや梅酒になったのかもしれないが、日本のような梅干しは台湾では日系スーパーでしか見つからない。ましてや、日本のおばあちゃんの作ったような、塩が浮き出てガリガリするほどにしょっぱく旨味のある梅干しには、ほとんど出会えない。

何年か前、日本の友人が携えてきてくれた和歌山の「龍神梅」があまりにも美味しくて、もったいなくてちびちびと長い時間をかけて食べた。台湾のおかゆも旨いが、歳を取るに従い塩辛い梅干しと白がゆの組み合わせが最高と感じるようになった。日本に比べればお酒を楽しむ文化の少ない台湾だが、甘くて飲みやすい日本の梅酒も好まれている。

粽（ちまき）と香包（シャンバオ）

この季節の行事といえば、旧暦5月5日の「端午節（たんごせつ）」だろう。台湾では春節と中秋節にならぶ三大行事で、日本でも「端午の節句」でおなじみだ。

「未食五月節粽，破裘不甘放」（ちまきを食べるまで冬物しまうな）

という台湾の諺もあり、行きつ戻りつする気候も端午節を過ぎれば本格的な夏となる。

「端午節」の歴史は節句のなかで最も古く、遥か幻の古代中国王朝「夏」[*2]の時代までさかのぼる。この日に菖蒲の葉などの薬草で沐浴すればその年の疫病を逃れられたといい、これは日本にも菖蒲湯として伝わった。昔の人は疫病の流行り始める旧暦5月を「毒月」と呼び、その毒を祓うためさまざまな風習を生み出した。世界中が疫病で苦しんだ近年を思えば、人間の歴史とは流行り病との

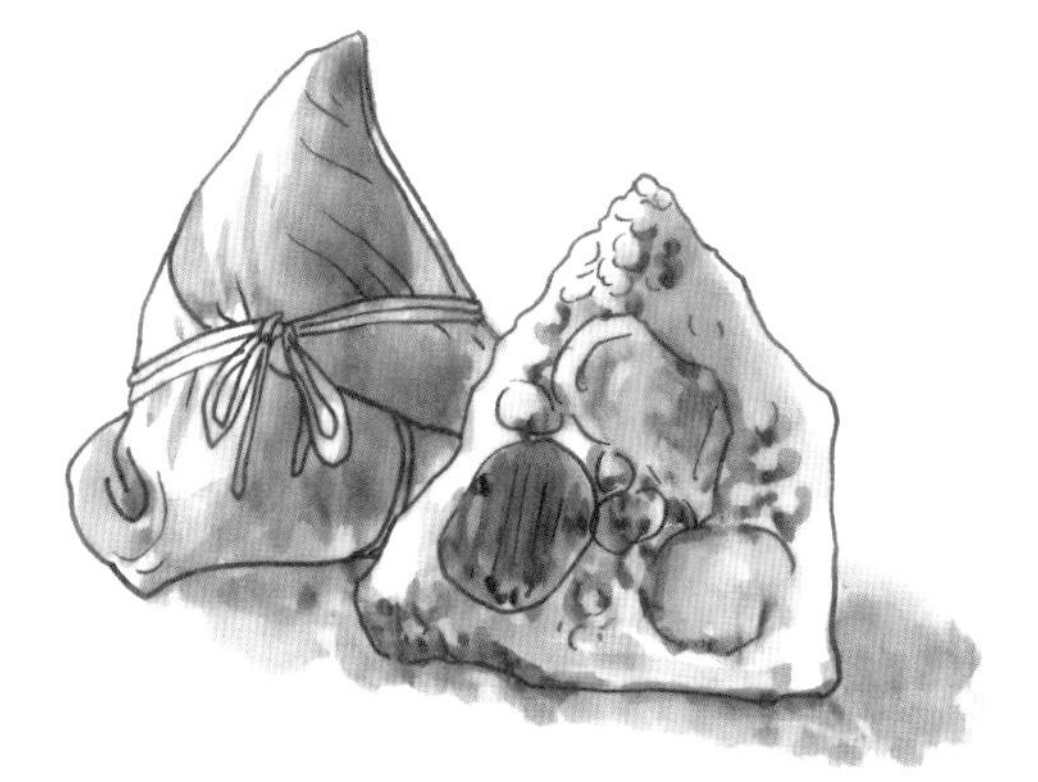

粽

＊2
紀元前2070年頃〜紀元前1600年頃。『史書』に記された中国最古の王朝。これ以降に伝わる400文字強の文献『夏小正』のなかに、二十四節気、七十二候の原型があるといわれる。

＊3
大根の漬物（菜脯）と干しエビ、豚肉を入れたシンプルな粽。干し椎茸とエシャロットの香ばしさが特徴的で、米を使った「米粽」と白玉粉を使った「粿粽」の2種類がある。

闘いの積み重ねと言える。

端午節で楽しみなのは、なんといっても「粽（ちまき）」である。これは中国の戦国時代、政争に巻き込まれて川に身を投げた楚の国の詩人で政治家の屈原（くつげん）にまつわるもので、その死を悲しんだ人々が次々と粽を川に投げ入れ、屈原の死体が魚に食われないようにしたという伝説に拠る。

台湾の粽は美味しいが、中華おこわを笹で包んだような台湾北部と、米から水で煮る南部ではスタイルが違い「北部のほうが旨い」「いや南部が」「いや客家粽が[*3]」と毎年のように論争になるのも、この季節の台湾風物詩である。「鹼粽（ジエンツオン）」といって、もち米を灰汁（あく）に漬けてから煮る半透明の、宮崎や鹿児島でよく食べられる「あくまき」[*4]にそっくりのデザート粽もある。またパイワン族[*5]など台湾原住民族には、もち米の代わりに「粟（あわ）」を使い、月桃（げっとう）という植物で包む「チナブ」や「アバイ」といった粽があり、とても美味しい。

端午の節句といって、もう一つ欠かせないのが玄関の飾りと「香包（シャンバオ）」だ。中華圏では毒月の「邪」を祓うために、妖魔の嫌いな菖蒲の葉とヨモギの葉を玄関口に飾るが、台湾では特にガジュマル[*6]の葉を加える。

香包は匂い袋のことである。人形のなりをした布の中に香料が包まれ、子供

＊4
灰汁に浸したもち米を竹の皮で包んでから、灰汁でべっこう色になるまで3時間ほど煮た餅菓子で、きなこや黒糖などをかける。鹿児島県の郷土料理。

＊5
屏東県、台東県、高雄市を中心に人口は約10万人強。領袖、貴族、平民など厳格な階級制度を持つ。7～8月頃の粟（小米）の収穫祭は、パイワン族の人々のお正月にあたる。

＊6
亜熱帯から熱帯に分布するクワ科イチジク属の常緑高木。多数のひげ根や気根を地面に向けて垂らす。ガジュマルは沖縄方言から。中国語では「榕樹」。

端午節の玄関飾り

香包

の首に掛ければ疫病が遠のくという。今は都市部で子供の胸に見かけることもあまりないが、タクシーのミラーあたりに掛けてあったりする。

かつて二度ほど、台湾中部の鹿港(ルーカン)*7で伝統的な香包を作っている施香花(スーシャンホア)おばあちゃんを訪ねたことがある。鹿港は風の強い街で、香花おばあちゃんの工房からは香包から漏れる白檀(びゃくだん)の匂いが漂っていた。虎や鶏の形をしたその作品たちが愛らしくて興奮していると、「これもあげる」「あれもあげる」とたくさん下さって、申し訳ないながらも両手いっぱいで工房をあとにした。

その後、大部分は日本の友人たちに贈ったものの、幾つかは家の中に掛けてある。白檀の香りはすっかり飛んでしまったけれど、見るたびに鹿港の風を思い出す。

＊7
彰化県の街。19世紀初めに港町として栄え、台南に次ぐ都市となった。繁栄を偲ばせる古い町並みや廟、伝統工芸が数多く残る。高鉄台中駅よりバスで約1時間。

夏至（げし）

とき知らせ リャンリャンカリャンとペタコ鳴き

まど・みちお と台湾

ペタコと茶目子（ちゃめこ）

梅雨の雨だれのなか「ぴちゅ　ぴちゅちゅちゅく　ぴちゅく」と鳥の声がしてきて、ああ、雨が止んだのかと気付く。とりわけ軽やかなのは、日本時代より「ペタコ」という名でも親しまれてきたヒヨドリ科シロガシラのさえずりである。シロガシラはその名の通りヘルメットをかぶったような白い頭が特徴的だが、台湾語では「ペエタウコッ」と言うのが日本語で訛って「ペタコ」になった。台湾のあちこち（東部以外）で見かける鳥で、台湾俳句の初夏の季語でもある。「ペタコ」という語感も可愛らしいせいだろう、日本語の童謡でも歌われてヒットした。

ペタコ　おっかさんに
しろい　ぼうし　もろた
ペタコ　しろいぼうし　かぶってる

ハリャン　リャカ　リャンノ
リャン　リャン　リャン
ハリャン　リャカ　リャンノ
リャン　リャン　リャン

『白頭鳥（ペタコ）』
作詞：野口雨情／作曲：中山晋平

『兎のダンス』『雨降りお月さん』『シャボン玉』などで知られる作曲・中山晋平と作詞・野口雨情コンビによる童謡『白頭鳥（ペタコ）』は、二人が１９２７年に台湾を訪れた際に作られた歌で、台湾では大変に流行り、日本時代の台湾生まれの日本人（湾生（わんせい））*1が集まると今でもこの歌が唄われるそうだ。この曲を初めて聴いたのがいつかはうろ覚えだが、おそらくＮＨＫ『ラジオ深夜便』での中山晋平か野口雨情の特集だった気がする。20年以上も昔のことで、当時京都に住んでいたわたしは「ペタコ」がどんな鳥でどんなふうに鳴くのかも知らなかったし、もっといえばその数年後に台湾へと移住して「ペタコ」の声に包まれて暮らすようになるなんて露知らずにいた。あらためてこの曲を聴くと京都の深夜の空気を思い出す。音楽は記憶の重要なトリガーである。

*1 日本時代の台湾で生まれた日本籍日本人。第二次世界大戦の終結とともに台湾は中華民国に接収され、日本人は強制的に台湾退去となり、彼らはその故郷を失った。日本に引き揚げた湾生の連絡網を中心として発展し、台湾関係邦人の物故者慰霊などを行う日台友好団体に「一般財団法人　台湾協会」があり、東京都文京区湯島に事務所を置く。

ペタコ

ハリャン　リャカ　リャンノ　リャン　リャン　リャン

家の外から聴こえくる、せわしなく誰かに喋りかけるようなペタコの声をこんなふうに表現してしまうとは。歌い手は天才少女歌手として日本ビクターの第一専属歌手となった平井英子。平井英子といえば、真っ先に思い出すのが『茶目子の一日』[*2]というオペレッタ童謡[*3]をアニメーション仕立てにした作品だ。

小学生の茶目子さんが、朝起きてごはんを食べ、学校に行って算術や読本の授業で褒められ、ご褒美にお母さんに活動写真（トーキー）を観に連れて行ってもらう。当時の裕福な家庭のお嬢さんの一日を描いたものだが、納豆は食卓でワルツを踊るわ、黒豆は茶目子の口めがけグルグル回転しながら飛び込むわ、制服が勝手に茶目子を包み込むわ、活動写真で首が飛ぶわと、わずか6分のなかでびっくりイマジネーションが爆発する。中毒性のある「こわカワイイ」アニメで20代の頃に繰り返し観たが、最近ひさしぶりに観返して、90年前に作られたとは思えないほど今もって新鮮な発想と斬新さを確認した。

『茶目子の一日』を観返すきっかけは、ニュースで聞いた平井英子さんの訃報だった。平井さんは、黒澤明やマキノ雅弘が監督する作品の多くの映画音楽を作った鈴木静一と結婚し芸能界を引退、その後は一般人として暮らしていた。そ

＊2
作詞・作曲は佐々紅華。初出は1919年で、日本で初めてレコード化された童謡といわれる。平井英子バージョンは1929年に発売。アニメは1931年製作。

＊3
オペラのようなストーリーをもった童謡。お伽歌劇とも。

して2021年2月、東京都内の老人ホームにて104歳で息を引き取ったという。

戦前台湾童謡の陰影

平井英子さんのことが気になって、歌った曲を調べてみた。2014年に発売された全曲集には、台湾に関連するこんな歌も収録されていた。

青いお空の南国で　わたしは生まれた　台湾娘
緑の椰子(ヤシ)のそよ風を　ねんねん子守に聞きました
甘いバナナの木のかげで　わたしは夢見る台湾娘
綺麗な白いジャスミンの　花の香りを愛します
青い月夜の星の晩　わたしは淋しい台湾娘
胡弓の糸の音のように　ほろほろなぜにか泣けてくる

『台湾娘』
作詞：織田勇一郎／作曲：王福／編曲：鈴木静一

考え込んでしまう。
どうして戦前の日本における台湾イメージは、こんなにもうら寂しくもの悲しいものが多いのだろう。平井英子さんは、他にも『轎(きょう)』[*4]という台湾童謡も歌っているようだが、そちらもなんだか哀愁漂う。

『ぞうさん』『やぎさんゆうびん』など多くの童謡で知られる詩人のまど・みちおも、「ペタコ」の出てくる詩を作っている。

ぽとり、ぽとり、落ちるのだ
庭の蕃石榴(ばんじろう)が熟れて
日がな夜がな
ぽとり、ぽとり、落ちるのだ

*4 お神輿のようにかつぐ乗り物のこと。

蕃石榴（グアバ）

どこからかペタコもやってきて
ぴろっ、ぴろっと啼いては
黄色い玉を
ぽとり、ぽとり、落とすのだ

『蕃石榴が落ちるのだ』

「蕃石榴」とは、グアバのこと。

台湾では一般的に「芭楽（バラー）」と呼ばれ1年を通して楽しめるフルーツだが、今出回っている大きなグアバは改良品種がタイから移植された。昔ながらの台湾グアバは小さな実で白とピンク色の2種類あり、独特の甘い匂いを持つ。ごつごつした硬い種を持つグアバが熟れてくると、鳥が飛んできて実をついばんでは種の入った糞をあちこちに落とすので、いろんな場所に自生している。

しかしなぜか、まどさんの『蕃石榴』の詩でも、ぽとり、ぽとり、ぴろっ、ぴろっ、というオノマトペが響く情景に煌（きら）めく太陽の下にできる濃い影のようなのどかな暗さが漂っている。

台湾のまど・みちお

まど・みちおが、なぜ台湾のペタコの詩を書いたのか？　不思議に思う方も多いだろう。じつはまどさん、台湾と深い関係を持っている。１９０９（明治42）年に山口県の徳山町（現・周南市）で生まれたまど・みちおは、台湾の台北で働く父親のもとに先に呼び寄せられた母や兄弟と４年ほど離ればなれという家庭背景で成長した。一人だけ、徳山の祖父母と祖父母と過ごした寂しい幼年期を経て、９歳より台北に移住。台北工業学校（現・国立台北科技大学）在学中に詩作を始め、卒業後は台湾総督府道路港湾課に就職して道路や橋の測量・設計・施工に携わった。24歳で児童雑誌『コドモノクニ』に投稿した童謡が北原白秋の目に留まり特選を果たして以来、童謡と詩を作るのに没頭したまどさんは、33歳の時に太平洋戦争に出征。そのままフィリピンとシンガポールで捕虜となり、終戦で日本に帰国するまでじつに24年もの時間を台湾で過ごしたのである。代表作の一つである『ぞうさん』の象とは、まどさんが17歳頃に台北動物園[*5]にやってきた象の「マー」ではなかったか……なんて話もある。

35歳で日本に帰ったまど・みちおは、出版社に勤めながら多くの詩や童謡を作り、退職後には絵を描くことにも熱中して、２０１４年に１０４歳で亡くな

＊5　現在の台北市立動物園は文山区木柵にあるが、戦前の台北動物園は円山公園内にあった。

ぞうさん

るまで（なんと偶然なことに平井英子と同じ享年だ）生涯にわたって創作をつづけた。しかし日本に帰国して以降、台湾の思い出を具体的に書いた作品は、死ぬまで一つも作らなかったという。

「日本人が台湾を統治してましたからむろん差別や不公平があったわけですが、その政治の横暴が見えなかったんです。目前のね、日本人の巡査が向こうの人を殴るとかいう現場にいたら、それに対しては憤慨しましたけどね。それで十五年戦争下の台湾が、そのおかれている地理的風土的経済的特殊状況の中でどのように変貌させられつつあるかなども、まるっきり見えなかったようです」

『まど・みちおの詩と童謡の世界　表現の諸相を探る』*6

台湾にいたころの自分をまどさんはのちに客観

的にこう語っているが、ペタコの詩が持つ暗さには、まどさんが無意識のうちに見ていた「変貌させられつつある台湾」が写り込んでいるように思える。

「ペタコ」は、戦後の台湾でまた別の意味を持った。2万人以上の犠牲者を出したといわれる武力衝突「二二八事件」[*7]、そしてその後に国民党政府が中華民国の首都を南京から台北へと移した1949年以降に戒厳令が敷かれた台湾では、独裁体制に従わない者は徹底的に弾圧され、多くの人が殺されたり、拷問されたり、投獄されたりした。政治犯として刑務所に入れられた人々は白いヘルメットをかぶった刑務所の憲兵のことを、仲間内の符号で「ペタコ」と呼び恐れたそうだ。

ハリャン　リャカ　リャンノ　リャン　リャン　リャン

夜明けとともにペタコが鳴き始める。ヒナの生まれる芒種から夏至の季節にはとりわけ賑やかに鳴く。台湾という土地と歴史がそのさえずりに、なんとも不思議な陰影を与えていることを想う。

＊6
P207「主な参考文献」参照。

＊7
1947年、警官による一般民衆への暴力をきっかけとして台湾全土に広がった暴動を軍隊が鎮圧した事件で、犠牲者は1万8千～2万8千人といわれる。戦前から台湾に住んでいた「本省人」と戦後にやってきた「外省人」の対立が背景にあり、戦後台湾の歴史認識をめぐるセンシティブな事柄の一つ。詳しく知りたい方は二二八国家記念館（台北市中正区。MRT松山新店線「小南門」より徒歩8分）などの展示参観がおすすめ。

六月の七十二候

日本

芒種初候　螳螂生ず（かまきりしょうず）
芒種次候　腐草蛍と為る（ふそうほたるとなる）
芒種末候　梅子黄なり（うめのみきなり）
夏至初候　乃東枯る（なつかれくさかるる）
夏至次候　菖蒲華さく（あやめはなさく）
夏至末候　半夏生ず（はんげしょうず）

古代中国

芒種初候　螳螂生（カマキリが生まれる）
芒種次候　鵙始鳴（モズが鳴き始める）
芒種末候　反舌無声（マネシツグミが鳴かなくなる）
夏至初候　鹿角解（鹿が角を落とす）
夏至次候　蜩始鳴（セミが鳴き始める）
夏至末候　半夏生（カラスビシャクが生える）

台湾

芒種初候　市場にチマキの葉ならぶ
芒種次候　端午で冬物しまう
芒種末候　タケノコ瑞々し
夏至初候　ペタコ歌う
夏至次候　東方美人摘む
夏至末候　鳳凰木の花盛（さか）る

七月

小暑（しょうしょ）

7月7日頃〜7月22日頃

大暑（たいしょ）

7月23日頃〜8月7日頃

三伏の白昼

小暑（しょうしょ）

南が熱帯、北が亜熱帯の北回帰線標塔

土砂降りも日照りも優しい亭仔脚（ていんあーかあ）

北回帰線上の島

梅雨が明け、朝からカンカン照りの日差しに青い空のコントラストが目に刺さる。午後には唐突に曇り出し、バケツをひっくり返したような驟雨（しゅうう）が過ぎれば、熱された空気が幾分柔らかみを帯びる。台湾に来て手放せなくなったのが、UV加工した折りたたみ雨傘。太陽の下では日傘に、雨が降れば雨傘に、出かける時には必ずバッグに入れておく。

もう一つ、こんな季節にとりわけ便利に感じられるのが「騎楼（チーロオ）」だ。台湾語で「亭仔脚（㊀てぃんあーかぁ）」とも言い、建物の1階部分が奥に引っ込み、アーケードのように通り抜けできる回廊状の空間である。文字通りこの「お陰」で日差しを避けることができ、信号待ちでも青信号に変わる直前まで騎楼の下で涼を取れる。急に降られても雨宿りでき、台湾で暮らす多くの人が恩恵にあずかる、亜熱帯独特の気候が育んだ風景の一つである。

元々清代に台湾に持ち込まれたこの建築様式は、東南アジアなど暑い地方を

剥皮寮の亭仔脚

中心として世界的に見られるが、台湾では日本時代にあらためて亭仔脚のある都市づくりが法制化されて各地に根付いた。この時代に作られた亭仔脚の建築は、バロック様式[*1]のアーチなど美しいものも多く、台北市「龍山寺（りゅうざんじ）」[*2]近くの文化財「剝皮寮（ポーピーリャオ）」[*3]の回廊は、日本の雑誌の台湾特集などでよくロケに使われるフォトジェニックな場所だ。

台湾の気候といえば先日、台湾東部の海岸線沿いを車で走り、台東から花蓮（かれん）に入った静浦（チンプー）集落に差しかかるところで真っ白な高い塔に行き当たった。じつはこの塔、北回帰線を表す「北回帰線標塔」[*4]で、これを境に南が熱帯、北が亜熱帯である。地球は23・4度傾いた状態で太陽のまわりを1年かけて1周するので、ちょうど夏至の正午にはこの北緯23・4度に建つ北回帰線標塔の真上に太陽が来て、塔は影を失うという。台湾という九州ぐらいの大きさの島の気候が1年を通して複雑なのは、この北回帰線のためだ。暑いかと思えば寒く、春になったかと思えば急な寒気に見舞われる。こうした季節の気紛れさは、南北の高気圧や低気圧が北回帰線をめぐって押し合いへし合いのおしくらまんじゅうをした結果なのだ。

*1
イタリアで生まれ、16〜17世紀にかけて広まった建築デザインの様式。

*2
台北で早くから発展した艋舺（バンカ）地区で住民の信仰や活動の中心となってきた名刹。1740年落成。MRT「龍山寺」下車、徒歩すぐ。

*3
清朝時代に形成された街の外観がそのまま残る歴史的街並み。龍山寺の裏にあり、仏具や薬草店など伝統的な商店のほか、郷土教育センターで歴史についてさまざまな展示も。映画のロケ地としても利用された。MRT「龍山寺」下車、徒歩5分。

*4
花蓮県豊浜郷の台11線70・5キロの地点。他に嘉義水上郷、花蓮舞鶴台地と3か所に設置されている。

ちょぷらんの人々

この北回帰線の塔を少し北にいくと、「秀姑巒渓（ショウグーランシー）」という川の河口がある。このあたりに昔から暮らす台湾原住民族・アミ（パンツァ）族[*5]の言葉で、その河口は「Ci' poran（シーポラン）」と呼ばれている。静浦の岸向かいの大港口（ダーガンコウ）とのあいだに小さな島が見える。記録によれば、江戸時代の享和3（1803）年に北海道の函館を出発した商船「順吉丸」は暴風雨にあい、67日間を漂流したのちに、台湾東部の「ちょぷらん」（シーポランの日本語読み）に漂着する。

順吉丸の船長・文助をはじめ乗組員らは、現地のアミ族の村人たちに助けら

*5
人口約21万人、花蓮・台東・桃園などに多く暮らす。「アミ」は外部から付けられた名称であり、彼らは自分たちのことを「パンツァ」（人、同族人などの意）と呼ぶ。

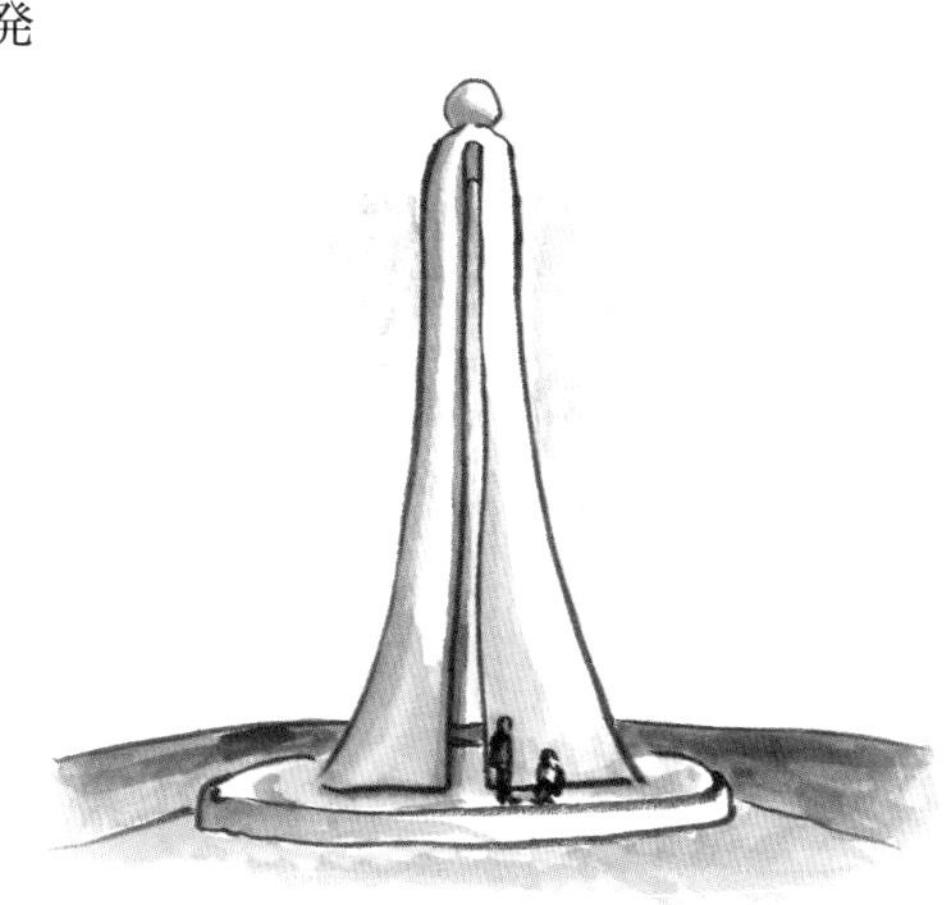

静浦の北回帰線標塔

れるが、その礼として4年間の労働を言い付けられる。仕事の内容は山で木を伐ったり、海で塩を焼いたり、宝貝を採ったり。慣れない台湾の気候に船員たちは熱病などで次々に倒れ、最後には船長の文助のみとなる。ちょぷらんの村人たちは、粟や稲を植え、海や川で魚を捕る。男たちはバワンと呼ばれる刀を腰に下げて、コアン（銃）やバナ（弓）を持って山で鹿狩りをしながら自然と共に暮らしている。

文助は集落で4年を過ごしたのち、清の役人らによって台南の台湾府やアモイを経て日本の長崎に送り返され、足掛け9年後ついにふるさと函館の土を踏んだ。『享和三年癸亥（みずのとい）漂流臺灣（たいわん）ちょぷらん島之記』*6という本に記録され、小説や絵本も生まれたこの漂流記の顚末（てんまつ）を想いながら、台東・花蓮の太平洋沖に見える深い藍色の黒潮を眺めれば、台湾と日本を繋ぐ遥かなる海流や季節風がすぐそこに感じられる。近年の研究では、東南アジア沿海やマダガスカル、イースター島、ニュージーランドなど太平洋の島々に暮らすオーストロネシア語族*7（南島語族）の起源が、台湾原住民族にあるともいわれている。

北海道からちょぷらんまで一隻の船を運んだ海洋は、そのもっともっと昔から台湾と太平洋各地を繋いできた。そのころの人々はきっと夜の星空を読み、季節の風と潮の流れを熟知して、今では信じられないような英知をもって舟を操

*6
1924年に台湾総督府図書館が所蔵した写本「漂流臺灣チョプラン島之記」、写しは黒川本、川北本などあるが発行年は不明。これを底本に西川満『ちょぷらん島漂流記』が1952年刊行。また、2017年には岩波書店から絵本『チョプラン漂流記 お船がかえる日』（小林豊・著）が刊行されている。

*7
フィリピン、マレー半島やインドネシアなど東南アジア、パプア・ニューギニア、マダガスカルまで広がるオーストロネシア語（南島語とも）を祖語とする言語族。

＊8
1877〜8年に起こった清朝政府によるアミ族集落への武力制圧事件で、165人のアミの青年が犠牲となった。能力ある若者が大量に殺されたことで、その後の集落の発展に大きな影響を与えたと言われる。2022年に当事者の子孫たちによって正式に「Cepo'戦役」と名称が決まった。事件発生の現場である静浦小学校のグラウンドに記念碑がある。

り大海をまたいできたのだろう。

小暑の頃から、花蓮や台東に暮らすアミ族の豊年祭が各地で行われる。大自然や祖霊に感謝を捧げるこのお祭りは、アミの言葉で「i lisin（イ・リシン）」と呼ばれる。「イ」はある場所、「リシン」は祭りを意味するので「イ・リシン」とは「祭りの最中」をいい、祖霊を迎えて楽しませ見送る一連の儀式である。豊年祭といえば日本の秋祭りのような収穫祭を連想するが、じつはアミの人々にとっては年越しであるという。台湾の年越しといえば旧正月（過年）というイメージが強いけれど、多様な文化を持つ人々が暮らす台湾の暦はこんなにも豊かだ。

清朝統治下から日本統治下、そして戦後の中華民国統治下まで、台湾という土地の元々の主人だった人々は「番人」「蕃人」「高砂族」「山地同胞」といった名称を勝手に付けられ、土地や言葉、名前を奪われマイノリティーとして差別の憂き目にあってきた。ちょぷらんに日本人の文助が流れ着いた70年後には、その舞台となった大港口部落で清朝の兵隊によって大虐殺事件が勃発し、「Cepo'戦役（大港口事件）」[*8]と呼ばれている。

そうした原住民族が、台湾民主化後の権利運動によって勝ち取ったのが「原

住民族」という正式名称で、1994年8月1日に台湾の憲法にも記されたこの名前には、かれらの誇りが充ち満ちる。

現在、毎年8月1日は「原住民族日」として台湾の国定記念日に定められている。

アミ族の豊年祭

大暑（たいしょ）

鬼の季節、食とアイデンティティー
三伏（さんぷく）や阿里山（アーリーシャン）の茗荷（みょうが）の香り

ドッグ・デイズ

二十四節気で最も暑いのが大暑である。台湾の廟に行けば、門の後ろ側に描かれた神様の姿をした二十四節気に出会うことがあるが、大暑も恐ろしげな鬼の姿で描かれる。鬼のもたらす毒気ほどにこの時期の暑さはからだに堪（こた）え、疫病を流行らせ、脱水症状などで多くの人を果敢（はか）なくしてきた。日本でも京都をはじめ全国の「祇園社（ぎおんしゃ）」で疫病祓いの祭りが行われるのはこのためだ。

二十四節気以外に、最も暑い季節を表わす「三伏（さんぷく）」という時節もある。

三伏や猫の寝そべる風の道　　芝尚子

大暑の神様

俳句の季語にもなっている三伏。暑中見舞いの挨拶で「三伏の候……」というのもあるが、具体的には何をいうのだろう？

三伏の由来は古代中国にさかのぼる。期間は夏至のあとに迎える3度目の庚(かのえ)を「初伏(しょふく)」とし、それから10日後の4度目の庚の日を「中伏(ちゅうふく)」、立秋を迎えて最初の庚を「末伏(まっぷく)」とする。

台湾では『農民暦』といって、大安や友引が記されている日本の六曜カレンダーをさらに複雑にしたようなものが毎年発行されている。年始の仕事始めや、冠婚葬祭にまつわる日取りを決めるのに重要なものだが、それによれば2023年の初伏は7月21日。中伏が7月31日で、末伏は8月10日である。

「伏」とは、「人」と「犬」の象形文字を組み合わせた漢字だ。古くから「犬」は人の生活のそばで伏せていた様子からこの字が生まれた。つまり「伏」とは頭を低くして身を隠すことで、三伏の頃の陽の光はからだに毒なので、できるだけ日中に出歩くことを避けろというのである。

欧米でも夏の盛りを「ドッグ・デイズ（The dog days）」といい、このころ天上に輝くシリウス[*1]の別名である「Dog star」からこの名が出来たらしい。西洋と東洋で同じくこの季節に「犬」という共通点を持っているのが、ただの偶然なのか、はたまた何かしらの影響があるのか興味深い。台湾でも、犬が寝そべる姿は暑いときの風物詩だ。ときに「息をしているのかな？」と心配になって

＊1
おおいぬ座にあり、全天21の一等星の中で最も明るい。おおいぬ座にあるため、ドッグスターと呼ばれる。古代ローマでこの星が日の出とともに現れ、日の入りとともに沈む7／24〜8／28の暑い時期をドッグデイズと呼んだ。

三伏の犬

しまうほど、道端で平たくなってとろりと眠りに落ちている。暑さでエネルギーを消耗しないようにする動物の知恵を、東西に限らず古代の人々が学んだということかもしれない。その点、先ほど挙げた俳句は犬ならぬ猫の知恵が感じられて面白い。家の中で一番涼しい場所に猫が一等詳しいことは、猫飼いの方であればよくご承知だろう。

忘れじのミョウガ

三伏といえば、中医学では鍼灸や漢方薬湿布を貼るといった民間療法も盛んだ。「冬病夏治」といって、冬に喘息やアレルギー、冷え性になりやすい人は三伏にツボを刺激することで改善されるという。また、精力のつくものや暑気払いしてくれる野菜や果物を食べて、体内の水分や温度を調節する。キュウリやニガウリ、スイカといった瓜系のほか、新ショウガやミョウガもそんな役割を果たしてくれる。ショウガは温度を加えるとからだを温めるが、生で食べるとからだを冷やす。ミョウガもショウガの一種だが、温帯性の植物のため台湾ではほとんど見かけない。

　コロナ禍で日本への一時帰国のハードルが上がり、以前のようには気軽に移動できないあいだ、恋しいのはやはり食べ物であった。いくら台湾が日本から近く、近年は大抵なんでも買えるようになったとはいえ、なかなか手に入りづらいものも、もちろんある。

　例えば近海魚のお造り。マグロやサーモンじゃなくて、コチやアイナメ、カワハギなんかの引き締まった肉を噛むと口の中に広がる淡い甘みが懐かしい。できれば、米の薫りがしっかりしたコクのある故郷の日本酒を、きゅっと冷やして共に呑み干したい。お造りの横には、シソの花に大葉やミョウガが欲しい。大葉は大型の日系スーパーでも見かけるが、なかなか高価である。

　人は、当たり前のように食べていたものがなくなって、ようやくその重要性に気付く。大げさなようだが、毎夏の訪れを告げるミョウガの爽やかな薫りと苦み、シャクシャクとした触感を思い出して身もだえするぐらい「食べたい！」と思っていた矢先、同じく台湾に暮らす日本人の友人が「阿里山（アーリーシャン）＊2のワサビ農家

＊2
2千メートル級の山々が連なる国立公園。阿里山林業鉄路の祝山線で標高2451メートルの祝山から日の出を見るのが人気。高鉄嘉義駅、台鉄嘉義駅からバス、もしくは台鉄嘉義駅より阿里山林業鉄路（事前予約必須）で「奮起湖」下車、バスに乗り換え。発車時刻などは公式HPで確認のこと。

がミョウガを売っているよ！」と報せてくれた。

「阿里山」とは台湾南部の嘉義県にある台湾五大山脈[*3]の一つ、阿里山山脈一帯を指す。日本時代にはヒノキなどの木材の産地として、ここから多くの木が日本へと運ばれ、神社の築造などに使われた。明治神宮の大鳥居（二の鳥居）も、阿里山から切り出され海を渡ったヒノキである。

木材を運ぶため、日本時代に造られた「阿里山林業鉄路」という登山鉄道があり、標高が上がるにつれ窓の外の植生が熱帯から亜熱帯、温帯、寒帯へと移り変わるのが圧巻であった。温帯で育つ性質のミョウガを亜熱帯〜熱帯気候の台湾で育てるのは難しいと思われるが、聞けばこちらのミョウガは山に自生しているのを収穫したらしく、標高の高い阿里山ならではだろう。

大興奮で急ぎ注文し、ワクワクしながら到着を待った。クール便で到着したミョウガは少し小ぶりだが、日本でなじんでいたものより色味が濃く、少し緑がかっているのがいかにも自生という感じがする。早速、一つ洗って噛み締めた。灰汁のような野性味ある苦みが舌をはしる。しかし鼻から抜ける独特の香気はほかの何でもない、これぞまさしく「ミョウガ」である。

注文時にこのミョウガの歴史について尋ねてみた。どうやら戦前に阿里山に住んでいた日本人が植えたものが野生化したという。この業者さんのお祖父さ

＊3
玉山山脈、雪山山脈、中央山脈、台東の海岸山脈、そして阿里山山脈の5つをいう。

んも「日本人」[*4]で、その代から食用に自生しているミョウガの収穫が始まったそうだ。つまり、台湾が日本の植民地だった時代がなければ、今このミョウガは阿里山には生えておらず、わたしが今台湾でミョウガを食べることもなかったのだ……。

コロナ禍の年は特に、帰国を見合わせている在台日本人から注文がたくさん入ったらしい。国籍、出身、ルーツ……何をもって「日本人」なのか？　最近とみに考えさせられるテーマだが、この小さな食べ物は、確かにわたしのモザイク状の日本人アイデンティティーの一部を成している、そんなことを感じた阿里山ミョウガとの出会いであった。

阿里山ミョウガ

＊4　これが、実際に当時の台湾に移民していた日本人なのか、それとも当時の台湾の方々も「日本国民」とされたことから、そのように説明をしてくれたのかは不明である。

七月の七十二候

日本

小暑初候　温風至る（おんぷういたる）
小暑次候　蓮始めて開く（はすはじめてひらく）
小暑末候　鷹乃学を習う（たかわざをならう）
大暑初候　桐始めて花を結ぶ（きりはじめてはなをむすぶ）
大暑次候　土潤いて溽し暑し（つちうるおうてむしあつし）
大暑末候　大雨時行る（たいうときどきふる）

古代中国

小暑初候　温風至（暑い風が吹き始める）
小暑次候　蟋蟀居壁（コオロギが壁で鳴く）
小暑末候　鷹乃学習（タカの幼鳥が飛び方を覚える）
大暑初候　腐草為蛍（腐った草が蒸れホタルとなる）
大暑次候　土潤溽暑（土が湿って蒸し暑くなる）
大暑末候　大雨時行（ときとして大雨が降る）

台湾

小暑初候　熱風至る
小暑次候　亭仔脚で雨宿り
小暑末候　アミ族の豊年祭始まる
大暑初候　三伏で犬ねむる
大暑次候　阿里山ミョウガ生える
大暑末候　大暑の鬼恐ろし気

八月

立秋（りっしゅう）

8月8日頃～8月22日頃

処暑（しょしょ）

8月23日頃～9月7日頃

鬼月の宵

立秋(りっしゅう)

死者へのおもてなし、中元節
地獄の門ひらく鬼月(グイユエ) 好兄弟(ハオションディ)
旧暦7月を過ごす

大暑のあと、太陽が黄道の135度の位置まで来れば立秋である。太陽はまだギラギラと頭に近い場所から照り付けるが、影に入ればひとすじの風が頬をなでる。台湾ではこの季節、午後早めの時間から急に空が暗くなり、ゴロゴロと雷が鳴ってスコールが降る。そしたら、街のあちこちにある居心地の良さそうなカフェに飛び込み美味しいドリップコーヒーを注文する。バケツをひっくり返したような豪雨の音を聴きながら雲が過ぎゆくのを待つのは、シェルターにいるような安心感をもたらしてくれる。雨が止んで外に出ると、気温も下がってうんと過ごしやすい。

「秋」という字は、古代中国においてコオロギなど秋の虫の姿を表す象形文字であったらしい。「陽」の極まる夏が盛りを過ぎ、空気にゆるやかに混じってくる「陰」の気を好む寒蟬(かんせん)、つまりヒグラシやツクツクボウシが鳴き始める。

また秋は「万物が成る」との意味を持つ。台湾原住民族の文化[*1]においても、立

*1 台東の国立台湾史前文化博物館、台北の二二八公園内にある国立台湾博物館、台北故宮博物院の隣に位置する順益台灣原住民博物館などで、台湾原住民族の文化に関する常設展や特別展がある。

*2 人口約1万3千人、屏東・高雄・台東県を中心に暮らしている。領袖、貴族、士族、平民という厳密な階級制度がある社会で、ユリの花はルカイ族の象徴とされる。

秋から処暑にかけてお祭りが一番多く行われるのは、かつてこの地の農耕文化の中心であった「粟（あわ）（小米（シャオミー））」の収穫を神に感謝する季節だからだ。アミ族の「豊年祭」、男子の成人儀式などを祝うルカイ族*2の「小米祭」、同姓コミュニティの結束をはかるツォウ族*3の「小米豊収祭」、タイヤル族*4の「祖霊祭」、プユマ族*5の「小米収穫祭」、また漁業と関わりの深いサオ族*6はウナギを模（かたど）った白いお餅を祖先にお供えし子孫繁栄を願う。パイワン族にとっては「収穫祭」が1年に区切りをつける年越しの祭りである。

旧暦の七夕は「情人節（チンレンジエ）」*7といい、日本でいうバレンタインデーのような意味を持つ。織姫と彦星の伝説にもとづく、恋人たちのための日である。また台湾南部では子供を護る七人の女神「七娘媽（台 ちんにょーまー）」*8（七仙女）の誕生日で、女の子のお祭りの日でもある。七人姉妹「七娘媽」の末っ子は織姫であるとか、おうし座の頭にある7個の小さな星団（すばる／プレアデス星団）だという説もある。ギリシャ神話ではこの星団を「プレアデス七姉妹」と呼び、やはり女の子の姉妹であるという。

ところで、旧暦7月は1年のなかでも特別な「鬼月（グイユエ）」と呼ばれる時期だ。このひと月のあいだ、この世と地獄を隔てる「鬼門」が開き、あの世から亡者た

*3
嘉義県を中心に人口約6700人。日本時代は日本政府との関係が良好で、理由はツォウ族に伝わる洪水伝説で生き別れた兄妹族「マヤ」が日本人を指すと認識されていたことによる。日本時代、中華民国時代を通して道徳教育として利用された「呉鳳（ごほう）神話」によるツォウ族への汚名化や差別を晴らすため、1990年代の原住民族権利運動に積極的に関わった。

*4
桃園市、新竹県、宜蘭県を中心に人口約9万5千人弱。祖先から伝わる「ガガ」という規律に沿った祭りや暮らし方があり、男性は狩り、女性は織物を織る技能が尊ばれてきた。

ちが戻ってくる。現代の日本でいうお盆が主に自分の先祖をあの世から迎えるのに対し、台湾の鬼月で迎えるのは「好兄弟（ハオションディ）」と呼ばれる身寄りのない亡者の魂だ。地獄の門を見張り、悪さをする好兄弟を捕まえる将軍や武将といった神様「七爺八爺（チーイエバーイエ）」*9らも、この1か月のあいだ夏休みを取る。そんなわけで、亡者たちと共に暮らすこの鬼月は生者にとっていろいろと気の張る時期で、多くの禁忌が伝えられる。例えば「不動産や車を買わない、結婚式を挙げない」「海辺で遊ばない、夕暮れ以降の山には行かない」

七娘媽

*5
台東県の中心に人口1万5千人強。ルーツに関する伝説に「竹から生まれた」と「巨石から生まれた」という二種を持つ。年齢階級組織と会所制度があり、巫術の強さでも知られた。プユマ族出身の著名な歌手に張恵妹（アーメイ）、サンプイ、家家、また作家に孫大川、巴代（バタイ）などがいる。

*6
南投県、台中市を中心に人口約800人強。清朝時代の山林開発や日本時代の日月潭ダム開発のための強制移住、戦後の土地開発などで大きな影響を受けてきた。敬虔な祖霊信仰を保持している。

「夜に洗濯物を干さない」「赤い下着を着けない」「傘をさしたまま家に入らない」「風鈴を下げない」といった具合だ。海辺や山には好兄弟が集まりやすいこと、赤い色はあの世と通じること、洗濯物の湿り気や風鈴の音色が持つ陰気に好兄弟が引き寄せられるなど理由もさまざまである。

死を悼む季節

旧暦の7月15日は「中元節」といい、1年の中で一番盛大な法事（拝拝）をして、地獄から出てきて彷徨っている好兄弟をもてなし「紙銭」*10を燃やして冥福を祈る。道

七爺八爺

*7
陳玉勲（チェン・ユーシュン）監督、2020年作品の映画『1秒先の彼女』はこの日の出来事を描く。2023年に山下敦弘監督、宮藤官九郎脚本により日本でリメイクされ、『1秒先の彼』のタイトルで公開。

*8
七娘媽を祀った台湾で最も歴史のある廟が台南開隆宮（1732年落成）。子供の守り神で、子供が16歳まで無事成長したら御礼参りをして七娘媽に感謝を捧げる民間信仰がある。台鉄台南駅と、湯徳章記念公園の中ほどに位置する。

*9
閻魔大王に仕え、地獄の門を見張る将軍。台湾の廟のパレードでもよく登場する、台湾でおなじみの神様。

教の最高神・玉皇大帝には三人の兄弟がおり、中元の日は三兄弟の一人、地官大帝の誕生日にあたる。身寄りのない寂しい魂を憐(あわ)れに思った地官大帝が「自分の誕生日は祝わなくてよいから無縁仏の魂を祀るように」と仰せになったことから、この日は死者へのおもてなしの日となった。

中元節に行う拝拝の特色は、たくさんのお供え物と共に水を張った洗面器とタオルを置くこと。鏡にクシ、石けんに歯ブラシ、美顔パックを供える人もいる。好兄弟に身づくろいして疲れを癒してもらうのだ。スーパーやデパートのかき入れどきでもあり、米やお菓子の詰め合わせや洗面器、紙銭とお線香がレジの横に並んでいる。日本の「お中元」文化との共通性や、お盆行事の元にもなっている仏教の風習「盂蘭盆(うらぼん)」*11との混じり合いも感じられる。

興味深いのは、台湾で死者に思いを寄せるこの時期は、日本でもお盆とともに原爆の日や終戦記念日といったレクイエム——死を悼む季節を迎えることだ。わがふるさと山口県山口市では毎年8月に「ちょうちん祭り」が行われる。ルーツは室町時代、大内盛見(もりあきら)の盂蘭盆行事までさかのぼり、戦後より旧暦の七夕行事と合体して8月6・7日の両日開催となった。8月6日といえば、広島に原爆が落ちた日でもある。山口県は広島の隣だし、この提灯の燈(あか)りを見て原爆の

*10 「冥紙」「冥銭」とも。死者や神様があの世で使うお金。焼いて煙にすることで、あの世に届けることができる。現代ではクレジットカードなども登場。

*11 お釈迦様の弟子である目連尊者（もくれんそんじゃ）が、餓鬼道に堕ちた亡母を供養したという伝説に由来する仏教行事。

中元節の洗面器とタオル

犠牲となった友や親戚に思いを重ねてきた市民も少なくなかろう。笹竹に吊した提灯には本物のろうそくが使われるので、ともしびが赤く震える幻想的な風景に浸っていると、ときに提灯が燃え落ちて頭に灰が降ってくる。一時はLEDになったりもしたが、やっぱり風情に欠けると不評でろうそくにもどった。奥へ奥へとゆらめく無数の燈りを見ていると、確かにこの世界の向こう岸へと思いが通じる心地になる。

立秋の次の二十四節気は処暑。「処」には、「止まる／停まる」という意味がある。燃え盛るような夏のエネルギーが頂点に達し、停まり、ゆるやかに下降していく。生きるものは、かならず死を迎える。大河の流れのような悠久の死の連なりに、いつか自分も繋がっていくのをイメージし、残された日々を精いっぱい生き直そうとする。8月とはそんな、鎮魂と再生の季節なのかもしれない。

処暑（しょしょ）

暮らしを彩る名前のリレー

愛玉（あいぎょく）に　東方美人　野薑花（イエジャンホア）

ジンジャー・リリー

東方美人の里

9月初めのたそがれ、新竹(しんちく)県北埔(ほっぽ)郷[*1]の茶畑を訪れた。ジンジャー・リリー(野薑花(イエジャンホア))は、花弁の様子が蝶々に似ていることからジンジャー・バタフライとも呼ばれる。日暮れの緑濃い農園のなか、白く発光する蝶々が舞うようだ。ハナシュクシャ(花縮紗)という名前もあるそのインド原産の花が、クチナシに似た甘い香りをあたりに漂わせている。

新竹に多く暮らす客家という独特の文化や言語を持つ人々は、昔からこのハナシュクシャの花を乾燥させてお茶に入れたり、根っこを粉末にして食材にしたりと活用してきた。海から遠い山あいで生活することの多い客家の性質は「質実剛健」で知られ、飲食文化の一つ一つに生活の知恵が詰まっている。この農園の持ち主である「モモンガさん」も客家で、お父さんの田畑を継いで無農薬の生態農園として管理し、ここで暮らす植物や生物について近隣の小学校の子供たちに教える。段々畑にはバナナやビンロウ[*2]、お茶の樹々。さまざまな種類の植物が折り重なって鬱蒼(うっそう)と茂るなかに、不思議と人の手を感じるリズムがある。どこかで見たことあるなあと思うのは、日本時代の東洋画(日本画)の名手であり、台湾を代表する画家の一人として知られる郭雪湖(グオシュエフー)[*3]が描いた台湾の里山

*1
客家文化の伝統的風情を色濃く残す新竹市の山間の集落で、清朝時代から商業地として栄えた。小ぶりの昔ながらの街並みのなかに、街建設の中心となった姜秀鑾やその子孫(写真家の鄧南光や茶葉商人の姜阿新)に関係する多くの史跡や日本時代より活躍した文学者・龍瑛宗の文学館がある。高鉄新竹駅か台鉄竹北駅・台鉄竹東駅でバス乗り換え。

*2
ヤシ科の常緑高木で、その実に石灰を加えて噛みタバコのように噛むと軽い酩酊感を得られる嗜好品。台湾はじめ熱帯アジアで愛好されるが、長期の使用で発がん性が指摘されている。

風景に似ているからかもしれない。

ここ北埔郷は、世に名高い台湾茶「東方美人」の生まれ故郷でもある。東方美人（白毫烏龍茶／膨風茶）は、二十四節気の芒種ごろに大量発生する小さな虫・ウンカ（チャノミドリヒメヨコバイ）が食べた葉にウンカの唾液が付くことで発酵し、独特の甘い薫りを帯びるようになった。ウンカを発生させるために東方美人の茶畑は無農薬である必要がある。モモンガさんの茶畑がさまざまな生態にあふれているのも、じつに理にかなったことなのだ。

台湾茶の歴史は古い。清朝統治期には中国大陸からの移民が台湾各地で茶葉を栽培していたが、これに目を付けたのが樟脳*4の調査に来ていたイギリス商人で、そこから台湾産茶葉は国際市場にデビューを果たす。日本時代にはインドのアッサム種を改良した紅茶の生産が研究され、三井財閥が資本を投入して台湾各地に茶園と工場を作り、紅茶産業の基礎ができる。西洋の「リプトン」に対抗して日式紅茶ブランド「日東紅茶（三井紅茶）」も生まれ、最高級の茶葉は天皇献上品ともなった。なかでも特にスター的な存在が、西欧で「オリエンタル・ビューティー」と名付けられた高雅なお茶、東方美人である。

そもそも東方美人が生まれたのは、偶然の賜物だった。ある夏、新竹の茶畑

*3
１９０８〜２０１２年。日本統治期より活躍した台湾の画家で、代表作に中元節の大稲埕の賑わいを描いた『南街殷賑』がある。

*4
クスノキから抽出される、防虫・鎮痛・消炎などの効果のある物質。プラスチックが発明される以前に重用されたセルロイドの主要原料であり、日本時代の台湾を代表する輸出産物。

でウンカの虫喰い被害が起こったが、捨ててしまうのももったいないので茶農家が街に売りに出てみれば、思いがけずその味わいが大評判となり、たちまち売り切ってしまったのである。村に帰って茶農家はその顚末を話したが、あまりに突拍子もない話なので村人らは「膨風（ポンフン）」（台湾客家語で、話を膨らませる、ほら吹きの意）と信じず、そのまま「膨風茶」という名前が付いた。

烏龍茶の葉

17世紀頃から台湾西部の平地を開拓したホーロー人より遅れて渡ってきた客家の人々は、原住民族が暮らす山あいの丘陵地に生きる空間を求めた。元々サイシャット族やタイヤル族が暮らしていた北埔に1835年、広東恵州出身の客家・姜秀鑾（きょうしゅうきん）は開拓武装組織の拠点「金廣福（きんこうふく）」を置き、周辺の北埔郷の開拓を進めた。姜秀鑾の子孫はその後、新竹苗栗エリアの経済や政治に絶大な影響力を持ち、激動の台湾史に深く関わったことから「北埔姜家」と呼ばれる。

北埔姜家の一人で、日本統治下における茶葉生産インフラに深く関わり、戦後に日本企業が去ったあとを引き継いで大成功したのが、姜阿新（きょうあしん）である。インドやインドネシアなど茶葉の主要生産国の生産が回復していない戦後の混乱期に、姜阿新の「永光公司（えいこうこうじ）」は烏龍茶や緑茶、紅茶の9割を海外に輸出し、北埔発の高級茶葉ブランド「Ho-ppo tea」（北埔茶）の名を国際市場に轟かせて台湾茶の黄金時代を築いた。しかし主要生産国が復活してきた1950年以降にはマーケットにおけるアドバンテージを失い、永光公司は経営難に陥りほどなく破産。この栄光と没落を記したのが姜阿新の娘婿にあたる廖運潘（りょううんぱん）氏で、1996年より20年以上の歳月をかけてしたためた130万字におよぶ姜阿新の伝記は、台湾ドラマ『茶金（ちゃきん） ゴールドリーフ』＊5の原型となった。

愛娘のゼリー

新竹市までの道すがら、道路の脇が黄金色に染まっていた。ゴールデンシャワー・ツリー、和名をナンバンサイカチともいい、インド原産のマメ科の木だ。藤の花のような房状の黄色い花が降り注ぐようで、日本の秋の銀杏並木を思わせる。

それから、愛玉（㊟台あいぎょっ）ゼリーを食べた。和名をカンテンイタビといい、台湾固有のクワ科の常緑ツル植物で、ブツブツとした無数の種をガーゼに包んで水のなかで揉むとゼリー状に固まる。愛玉自体には味がないので、砂糖を入れたレモン

＊5 廖運潘（1928年〜）が2021年に出版した『茶金歳月』を元に、2021年に制作されたテレビドラマ。台湾のエミー賞といわれる金鐘奨で、第57回に16項目でノミネート、史上最多のノミネート数となった。日本でも日本語字幕のDVDが発売されている。

愛玉ゼリー

ジュースをかけて食べる。そのひんやりしたのど越しは、からだに溜まった疲れと熱を吸い取ってくれる、台湾の暑い時期ならではのデザートだ。清朝統治期に嘉義の山中で偶然この愛玉をゼリー状にして食べることを発見した男の娘が「愛玉」という名前で、15歳のこの美しい愛玉が売るゼリーがたいそう評判になったことから、娘の名を冠し「愛玉冰（台 あいぎょっぴぃん）」と呼ばれるようになった。1904年には日本の植物学の父と呼ばれる牧野富太郎博士が新種として発表し、当時は「Makino」の名が学名に入っていたが、その後イギリスの植物学者による他の植物の変種という説が定着した。

ジンジャー・バタフライにオリエンタル・ビューティー、ゴールデンシャワー・ツリーに膨風茶に愛玉。台湾の暮らしは、うるわしく面白い名前で出来ている。

八月の七十二候

日本

立秋初候　涼風至る（りょうふういたる）
立秋次候　寒蟬鳴く（ひぐらしなく）
立秋末候　蒙霧升降す（のうむしょうこうす）
処暑初候　綿柎開く（わたのはなしべひらく）
処暑次候　天地始めて粛し（てんちはじめてさむし）
処暑末候　禾乃登る（こくものみのる）

古代中国

立秋初候　涼風至（涼しい風が吹き始める）
立秋次候　白露降（朝露が降り始める）
立秋末候　寒蟬鳴（ヒグラシが鳴き始める）
処暑初候　鷹乃祭鳥（タカが捕らえた鳥を並べて食べる）
処暑次候　天地始粛（ようやく暑さが収まる）
処暑末候　禾乃登（稲が実る）

台湾

立秋初候　スコールのあと涼風至る
立秋次候　好兄弟を迎える
立秋末候　中元のお供え、売り場に並ぶ
処暑初候　寒蟬（ヒグラシ）鳴く
処暑次候　粟収穫す
処暑末候　蚊、エレベーターに乗る

九月

白露（はくろ）

9月8日頃〜9月22日頃

秋分（しゅうぶん）

9月23日頃〜10月7日頃

颱風接近

白露（はくろ）

無数の声なき声が語りかけてくる秋の雨

伝説のアミスのセキレイ恋おしえ

二つのセキレイ神話

天上大風。

夏と秋が空の高いところで行き交うこの季節、空気は澄んで月が殊に美しく見える。台風が近づけば、夕方の空は黄金色のカーテンを降ろしたように発光する。二十四節気は白露、冷えた空気が露を結び始める。

白雲 水に映じて 空城を揺すり、
白露 珠を垂れて 秋月に滴る。

楼閣に登った唐の詩人・李白は、こんなふうに季節を詩に詠み込んだ。白い雲、白い露。耳をそばだてれば、夏が秋へと着がえる衣擦れが聴こえるほどの静けさが、ここにはある。

古代中国で生まれた七十二候では、

初候　鴻雁来（ガンが飛来を始める）
次候　元鳥帰（ツバメが南へ帰ってゆく）
末候　群鳥養羞（鳥が食べ物を蓄え始める）

とある。どれも鳥の生態と関係あるが、日本の七十二候をみれば、

初候　草露白し（くさのつゆしろし）
次候　鶺鴒鳴く（せきれいなく）
末候　玄鳥去る（つばめさる）

であり、ツバメが帰ってゆくのが中国版より5日ほど遅いのが面白い。中国や日本で繁殖を終えた旅鳥たちは、冬にはタイやインドネシアなど東南アジアで冬を越す。だから彼らは、ちょうど旅の中間地点である台湾で、ひと休みする。台湾では旅鳥と留鳥を合わせて6種類ほどのツバメを観察できるというが、もしかするとこの時期に台湾で見かけるのは、日本から羽を休めに立ち寄ってくれたツバメたちかもしれない。感染症の脅威にさらされる世界にあっても、国境なぞ彼らには関係ない。科学技術が発達した現代の人間よりもずっと自由に往来を重ねてきたのだ。

ツバメ以外にも、古来より日本と台湾を往来してきたと思わざるを得ないものを、七十二候のなかに見つけた。次候の「鶺鴒（せきれい）」にまつわる物語だ。長い尾

つぽを上下に振りながらチチイ、チチイと鳴くセキレイは、「恋おしえ鳥」とも呼ばれる。『日本書紀』のなかでイザナギとイザナミに性の営みのしかたを教え、それが日本の国産みに繋がったという神話のためだ。しかしなんと、そっくりな伝説が台湾のアミ族にもあるという。

――むかしアポクラヤンという神が、台湾の東海にあったボトルという孤島に天降った。ところが一すじの細い川をはさんで、タリプラヤンという女神が天降った。二神はたがいに言葉を交わし、心に適ったので同棲した。二神はイモを焼こうとして火の側にうずくまると、男神の下腹から長く突き出たものがあるのに気づいた。女神を見ると凹んだところがある。そこに鶺鴒が二羽とんで来て尾を振ったので、二神ははじめて溝合の道を知った。そして多くの子孫を得、のち舟で台湾本島に渡った。

『日本神話の起源』大林太良・著*1

セキレイ

『日本書紀』と、アミ族の伝説。セキレイの尾つぽを振る動作を見てまぐわ

*1 P207「主な参考文献」参照。

*2 台湾では旧暦9月9日。P146「十月・寒露」参照。

いを知る二人の神が出てくる、双子のような神話である。何千年も昔から台湾や日本をはじめ、太平洋の広い海原を舞台にかけめぐってきた海洋民の人々に口承されたのかもしれないと思えば、わくわくした気持ちがこみ上げる。

王育徳（おういくとく）と中村輝夫（なかむらてるお）

9月9日は日本では「重陽の節句」[*2]だが、言語学者の王育徳（おういくとく）[*3]の命日でもある。王育徳は日本時代の台南に生まれ東京帝国大学で学んだが、戦後に台湾を統治した中国国民党政権を批判、1949年に日本へ亡命した。亡命を手助けしたのは直木賞作家で「金儲け（かねもう）の神様」として知られた邱永漢（きゅうえいかん）[*4]。王育徳と邱永漢は同郷で台北高校の同級生でもあった。王はその後、東京大学に復学して「台湾語」研究で博士の学位を取得、台湾史や台湾語について多くの著作を世に送り出したほか、台湾独立運動に尽力した。

そしてもう一つ、王育徳が奔走したのが「台湾人元日本兵」のための補償請求運動だった。台湾人元日本兵の問題を世に知らしめたのは、1974年にインドネシアのモロタイ島で発見され1975年に台湾へと帰国した元日本兵の台湾原住民アミ族の、中村輝夫（なかむらてるお）[*5]である。

中村さんは1919年、日本統治下の台東で生まれた。23歳の時に志願兵と

*3
1924～1985年。台南市内にある台湾4大名庭園「呉園」のなかに王育徳紀念館がある。台鉄台南駅より中山路を行き、民権路を右折。

*4
1924～2012年。作家、実業家、経済評論家で、1956年に『香港』で直木賞受賞。財テク関連の膨大な著書のほか、『食は広州に在り』など食エッセイの名手。

*5
1919～1979年。アミ族名はスニヨン、漢名は李光輝。本文では文の主旨から日本名の「中村輝夫」で表記した。

して太平洋戦争へ出征し、仲間の部隊とはぐれたまま行方不明となり、そのままモロタイ島のジャングルの奥で30年近く過ごしていたのを発見された。『還ってきた台湾人日本兵』（河崎眞澄・著）[*6]によれば、中村さんは発見された時、はっきりした標準日本語で所属部隊名、自分の階級、氏名、本籍地などを答え、日本に帰りたいと言ったそうだ。裸ながら、手持ちの山刀で髪の毛とヒゲをいつもさっぱりと剃り、タロイモやバナナ、畑で作ったサツマイモを食べて川の水を飲み生きながらえ、月が満ちるたびに麻の紐に結び目をつけ、年月を数えていた。また中村さんの一日は、起きると洗面のあとに日本の皇居の方角に向かって宮城遥拝（きゅうじょうようはい）し、体操をすることから始まったという。驚いたのは、発見後にジャカルタの病院で治療を受けた中村さんが30年ぶりに風邪をひいたという話だ。人間の感染症から遥か離れたジャングルのなか、いかに中村さんが他人と隔絶された日々を過ごしていたかわかる。

中村輝夫さん

＊6 P207「主な参考文献」参照。

しかし、横井庄一さん*7、小野田寛郎（ひろお）さん*8という、中村さんの前に発見された「残留日本人兵」に比べて、最も長く太平洋戦争を戦ったとも言える中村さんに対し日本社会の反応は冷たく、横井さんや小野田さんのように日本人の記憶に残りはしなかった。その理由の一つを筆者の河崎眞澄さんは、「中村が日本統治下の台湾で生まれ、高砂族と呼ばれる先住民族の血を引いていたから。いわく、元日本兵だが、日本人ではなかった」からでは?と書いている。

高砂義勇兵

「高砂族」とは、日本時代後期に台湾原住民族に対して付けられた名称で、日本でかつて台湾が「高砂国」と呼ばれていたことに由来する。１９３０年に現在の南投（なんとう）県仁愛（じんあい）郷の霧社（むしゃ）で起こった原住民による武装蜂起事件「霧社事件」*9をきっかけに、原住民の人々の山のなかでの知恵や勇敢さ、忠誠心の高さに注目した日本帝国陸軍は、原住民の男性らに志願を募り「高砂義勇兵」と呼んで戦地へと送り出した。

日本統治下で立場も経済的にも弱かった原住民の人々は、皇民化教育*10のもと、自分たち民族の誇りと当時の共同体（日本）への帰属感を同一視していくようになる。また、霧社事件などで蜂起し、抗日運動に加わった集落の子孫らが、事

*7
1915～1997年。日本陸軍の残留日本兵。1972年にグアム島のジャングルで島民に発見され帰国。

*8
1922～2014年。日本陸軍の残留日本兵。1974年にフィリピンのルバング島のジャングルで発見され帰国。

*9
P152「十月・霜降」参照。

*10
元から台湾に住んでいた台湾人も、内地から来た日本人も皆「天皇の赤子」である「日本人」として教育する同化政策で、植民地下において戦争への総動員体制を築くことを目的とした。

件によって受けた汚名を晴らすために高砂義勇兵に志願するなどの例も少なくなかった。

単なる「愛国心」とはとても言えない感情とアイデンティティーと歴史が複雑に絡み合うなか、南洋のジャングルで正規軍のために食料調達や接近戦での切り込み役を担った高砂義勇兵。合計1万人以上が出征し半数は戦死したといわれるが、多くが軍属[*11]として扱われ記録さえ残っていない。生還した人も終戦とともに日本国籍を失い、満足な恩給や補償も受け取れておらず、多くの元高砂義勇兵が辛い余生を送ったという。また、台湾人元日本兵への補償問題は台湾原住民に限ったことではなく、かつて「日本人」として生き、戦った人々の人権問題として今も解決を見ずにいる。

中村さんは発見後に故郷の台東へと戻ったが、すでにそこは「日本」ではなく、妻も再婚したあとだった。他の元台湾兵とは異なり、政府や支援団体の特別見舞金などで多くの補償を受け取ったものの、日本語を母語として育ったので台湾華語も台湾語も満足に話すことのできない中村さんは浦島太郎のように孤立し、タバコや酒に浸り、からだをこわして1979年に病死した。ただただ生きて「日本」に帰ると心に決めて30年近くを生き抜き、ようやく生まれ故

*11 軍人以外で軍に所属する者。よって正規軍人ではないと扱われている。

郷へ戻ってたった4年後のことだった。

白露の夜、台風が近づいているようではげしい雨が降りしきっている。ベランダに出ると、玉蘭の樹が雨粒に打たれながら鮮やかな緑の葉をゆらす。しのつく雨音に耳を澄ませてみれば、あの戦争のために亡くなった無数の台湾の人々の声なき声が語りかけてくるような、台湾の秋雨である。

雨に打たれる玉蘭

秋分

文旦に 肉焼きぬれば 中秋節

颱風の季節と中秋の月

颱風の語源

台風の季節である。日本では、このころの暴風雨をかつて「野分け」と言った。聞いただけで、地の肌が見えるほど草木が腰を曲げ嵐に耐える日本の里山が脳裏に浮かび、上手い表現だなあと感心する。「猪のともに吹かるる野分かな」と芭蕉の句にあるように、イノシシでさえ吹き飛ばされそうな風である。

野分けが「颱風」の名で呼ばれるようになったのは、明治末期のこと。戦後に「台風」とあらたまったが、台湾では現在も「颱風」と書く。颱風の語源には諸説あるが、ギリシャ神話のなかでゼウスに匹敵するほどの力を持つ怪物テューポーンが英語のタイフーンになり、そこに中国大陸南部で「大風」という漢字が当てられ、さらにはいつも台湾の方からやってくるので「大」が「颱」に変化したという説が好きだ。台湾の東海で産まれる小さな渦巻きからできた台風が、台湾とは切っても切れない仲であることが一つの漢字に表れている。風に乗った台の字を見つめていると、台湾が筋斗雲に乗った孫悟空のように勇ましく見えてちょっぴり愉快な気持ちにさえなる。愉快というとちょっと不謹慎ではあるが、台風の多い台湾では大きな影響が予想される場合「停班停科（ティンバンティンカ）」といって学校や仕事が休みになるので、わくわくして台風休みを待つ人も少なくない。

旧暦の9月には北方の気圧の関係で、台湾付近に来た台風が挙動不審となる。これを台湾では特に「九月颱（台かうぐえたい）」とも呼ぶ。進路がみえず、ときに行きつ戻りつした台風が大きな被害をもたらすので、古くから「九月颱、無人知」（九月の台風は読めない）の諺もある。ところが、ここ数年は旧暦9月といわず台風の進路が読めなくなってきた。どの台風も台湾に上陸する直前でぎゅうんとカーブを描いて別方向に進む。まるで磁石の同じ極どうしが反発するような不思議な曲がりようである。

桃園のため池

このまえ日本へ一時帰国し台湾へと戻ってきた時もそうだった。台風直撃の予報で着陸を危ぶんだが、結局大きく逸（そ）れてゆき影響はなかった。とはいえ、台風がまったく来ないのも困りものだ。ここ数年は台風が上陸せず、台湾各地の貯水ダムで渇水の心配が絶えない。水といえば、一時帰国のおかげで独特の台

*1
最高峰の雪山は台湾最高峰の玉山に次ぐ高峰で富士山より高い。3千メートル以上の山は54座。

*2
桃園台地の陂塘は「千の塘の郷」の誉れを得ており、潜在的な世界遺産とも。代表的な陂塘に「青塘園」「龍潭大池」があり、自然公園のようになっている。

湾の風景にも再会できた。

桃園空港に向けて下降する飛行機の窓の外に大きなソフトクリームのような積乱雲が浮かんでいる。それをくぐると、大地のいたる所にきらきらと日光に反射する翠緑（すいりょく）色の丸い池が見え、小さな鏡が一面に刺繍されたインドの美しい布を思わせる。台湾北部の桃園は、淡水河の支流である大漢渓（だいかんけい）が雪山（せつざん）山脈*1を削りながら土砂をはこび、氾濫を繰り返しては堆積してできた扇状地だ。桃園台地へは大漢渓からの取水が難しく、また砂岩でできた扇状地は水が染み込みやすいので、雨が降ってもすぐに干上がってしまう。そこで知恵と汗を絞って造られたのが、桃園の地に広がる灌漑（かんがい）用のため池群（陂塘（㊟ぴーたん）*2）である。

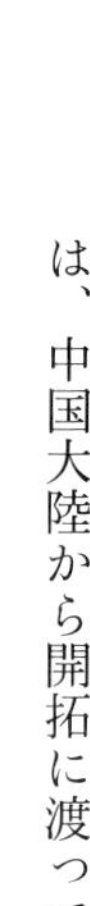

清朝統治時代に書かれた『淡水廳志（たんすいちょうし）』という地方史によれば、桃園台地で最初のため池は、中国大陸から開拓に渡って

桃園のため池群

きた漢人と、元々桃園に住んでいた原住民族が共同開発したもので、4個のため池と水路で6つの村の田んぼを灌漑した。完成後の水利権は原住民が6で漢人側が4。漢人が労働力を提供して灌漑施設を造り収穫の一部を納める代わりに、水利権と土地使用権を与えるなどの取引があったのだろう。また、当地の原住民は母系社会であり、女子が土地を引き継いだ一方で、大陸からの移民は男性が主だった。そこで漢人との通婚が進んで集落が消滅したり、山地へと追いやられたり、強制移住の憂き目にあうなど日本時代以降も差別を受け、現代にいたってもマイノリティーとして苦しい生活を余儀なくされている原住民の人々は少なくない。だが元をたどれば台湾という土地の主人が彼らであったことは、桃園のため池の歴史を見てもよくわかる。そして、いわゆる「本省人」のほとんどが、原住民族にルーツを持つとも言われる。

この桃園のため池、かつては最大で8800個以上を数えたというが、日本時代以降に疎水の完成とともにだんだんと整理され、現在では2800個ほどになった。とはいえ、これほどの数のため池が集中しているのは世界でも類を見ないという。水利のほか魚の養殖にも利用されるこの独特の水の営みを空から見るたび、「台湾に帰ってきたなあ」と思う。

中秋の月

二十四節気の秋分は、春分と同様に昼と夜が同じ長さになる。

初候は、夕立にともなう雷が鳴らなくなること、次候は虫が冬の巣ごもりの準備を始めること、末候は稲刈りの準備をするために田んぼの水を抜くこと。この秋分の七十二候は、中国版と日本版がまったく同じである。二つの暦は1年を通して似通った部分も多いが、初候・次候・末候と三つが揃って同じなのは、じつはこの季節だけだ。

秋分といえば、台湾ではなんといっても旧暦8月15日の「中秋節」だろう。土地の氏神様（土地公）が神様になった日（仏教でいう成仏にあたる）でもあり、盛大にお祝いして一族の健康と円満を願う大切な日で、祝日となる。中秋節の前にはお世話になった人に月餅や文旦を贈る。月餅は月に見立てた丸い形をしたお菓子である。甘い餡や塩辛いアヒルの卵が入ったもの、クルミやヒマワリの種が入ったものなどさまざまで、毎年あちこちのホテルや名店が独自の月餅を打ち出して人気を競い合う。文旦は、台南の「麻豆文旦」*3が殊に有名だ。皮がしわしわになってきたら食べごろで、果肉は瑞々しくて甘く、皮をむく手が止まらない。分厚い外の皮を帽子のように切って、子供たちが頭にかぶって遊ぶ。

*3
麻豆は台南市中部の街で、オランダ統治期に原住民族シラヤ族の「麻豆社」（麻豆集落）があった。日本時代には台湾の製糖業の興隆により「明治製糖」の本社が置かれた。内田百閒の『蓬莱島余談』にも麻豆に泊まる記述があり、この本社や工場は現在、公共の芸術文化施設「麻豆総爺芸文中心」となっている。台鉄隆田駅下車、バスに乗り換えて「総爺糖廠」下車。

文旦

文旦のことを台湾では「柚子（ヨウズ）」とも言い、「保佑子孫」（子孫をお守りください）という吉祥の言葉に通じることから、健やかな成長を願って子供にかぶせる。

　また、日本では「中秋の名月」といってススキを飾りお団子を作って月見をするが、台湾では家族や友人、職場の仲間で集まって賑やかに焼肉やバーベキューをする習慣がある。これは昔ながらの伝統というわけではなく、１９８０年代の食品会社が打ち出したバーベキューソースのテレビCMから始まった。２００６年に結婚して台湾に来た時は、それぞれの個人経営のお店の前で、脇をびゅんびゅんと通り過ぎる自動車やバイクをものともせず、スタッフや家族総出でバーベキューする光景に驚いたものだ。今ではスーパーにバーベキュー用の網やら炭、竹串が並び始めると「ああ、もうすぐ中秋節だなあ」と思う。

　このころ、街路樹の台湾欒樹（タイワンルアンスー）*4（タイワンモクゲンジ）

が紗（しゃ）を掛けたように黄色く染まる。

海外で見上げる満月は、独特な感慨を見る人にもたらす。

奈良時代に留学生として唐に渡った阿倍仲麻呂（あべのなかまろ）は時の皇帝・玄宗（げんそう）に重用され、在唐35年にしてようやく日本への帰国を許された。そして、友人であった王維（おうい）や李白も同席した送別の宴で、こんな歌を詠んだという。

天の原　ふりさけ見れば　春日（かすが）なる　三笠の山に　出でし月かも

長安で天を仰げば、月が昇っているのが見えた。この月は、懐かしい故郷・奈良は春日の三笠の山に出ているのと同じ月なのだなあ……。

台湾に来てこれまで、何度となく空に浮かぶ月を見上げては、日本の家族や友人らも同じ月を見ているのだと切ない気持ちになった。秋にはそんな思いがとりわけ深くなる。

阿倍仲麻呂の乗った船は暴風雨に遭い南方へ漂流、今のベトナムにたどり着く。ふたたび長安へと戻った仲麻呂は帰国を断念し、結局、日本に帰ることなく73歳でその生涯を閉じたという。

＊4
台湾固有種の落葉中木。秋口に黄色い花を咲かせ、果実をつけるころ赤く染まり、その後に褐色の種子をつける。1年を通して4色の姿を見せることから「四色樹」とも。

台北城の北門の月

九月の七十二候

日本

白露初候　草露白し（くさのつゆしろし）
白露次候　鶺鴒鳴く（せきれいなく）
白露末候　玄鳥去る（つばめさる）
秋分初候　雷乃声を収む（かみなりこえをおさむ）
秋分次候　蟄虫戸を坏す（すごもりのむしとをとざす）
秋分末候　水始めて涸る（みずはじめてかれる）

古代中国

白露初候　鴻雁来（ガンが飛来を始める）
白露次候　玄鳥帰（ツバメが南へ帰ってゆく）
白露末候　羣鳥養羞（鳥が食べ物を蓄え始める）
秋分初候　雷乃収声（雷が鳴らなくなる）
秋分次候　蟄虫坏戸（虫が土中に掘った穴を塞ぐ）
秋分末候　水始涸（田畑の水を抜く）

台湾

白露初候　天上大風
白露次候　新学期始まる
白露末候　ひとやすみのツバメ見る
秋分初候　月餅届く
秋分次候　ニラの花咲く
秋分末候　欒樹染まる

十月

寒露（かんろ）

10月8日頃〜10月23日頃

霜降（そうこう）

10月24日頃〜11月6日頃

台北のプライドパレード

寒露（かんろ）

冬に備え、自分を見つめ直す季節

重陽（ちょうよう）やサシバの渡り 秋の虎

秋老虎

秋老虎（チョウラオフー）と国慶鳥（こっけいちょう）

暦の上では秋にもかかわらず、夏の盛りのように暑さの戻る気候を台湾では「秋老虎（チョウラオフー）」という。「老虎」とは文字通り動物の虎である。澄んだ秋の光に照らされた熱気は黄金色の大きな虎が身をくねらせて暴れ回っているイメージにぴったりで、うまいことを言ったものだと感心する。

まさにこの「秋老虎」が咆哮（ほうこう）しているように暑さの戻る10月の台北だが、二十四節気では寒露、霜降と涼しげな名前が並ぶ。

寒露の季節、古代中国で生まれた七十二候の初候は「鴻雁来賓（ガンが多数飛来して客人となる）」、日本版の七十二候の初候は「鴻雁来（こうがんきたる）」で、初候にガンが渡ってくるところに共通項がある。日本では秋の北風を「雁（かり）渡し」とも呼ぶが、台湾ではこの季節に「サシバの渡り」が見られる。

サシバは夏鳥として日本に渡来するタカの一種だ。水田や低山などの入り混じった里山を好み、繁殖を終えるとインドシナ半島や東南アジアに渡って越冬する。この片道約9千キロの旅路の途中に台湾があり、南端の恒春(こうしゅん)半島*1などでひと晩羽を休めて翌朝にまた南へと飛び立っていく。南へ行くサシバの渡りは、毎年かならずこの二十四節気の寒露から霜降のあいだと決まっていて、次々にやってくる群れを全部合わせれば1万羽を超えるという。

中華民国（台湾）の国慶日(こっけいじつ)*2である10月10日（双十節）前後に特に多く飛来するので「国慶鳥(こっけいちょう)」の別名もある。春の北上の季節はちょうど清明節にあたるので、「清明鳥」とも呼ばれ、台湾中のバードウォッチャーが心を躍らせて待ちかねている大イベントだ。

台湾の原住民族にとっても、サシバは重要

*1
台湾南部、屏東県に属する半島で、墾丁（ケンディン）国家公園は人気のリゾート地。高雄の高鉄左営駅よりバスで2時間ほど。最南端はガランピ岬で、面する海はバシー海峡。第二次世界大戦末期、多くの日本の輸送船が米国の潜水艦の爆撃により沈み「輸送船の墓場」とも呼ばれ、10万人を超える犠牲者が今も眠る。毎年11月にバシー海峡を望む「潮音寺」で慰霊祭が行われている。

*2
中華民国の建国記念日。辛亥革命の発端となった1911年10月10日に発生した武昌起義を記念している。「双十節」、「双十国慶」とも。

サシバ

な生き物だ。２０２１年の夏に『斯卡羅（スカロ）』という大河歴史ドラマが台湾で放映されて大きな話題となった。日本領有前の台湾南部・屏東（へいとう）で１８６７年に起こった、アメリカ船ローバー号の乗組員らが原住民族によって殺害された「ローバー号事件」[*3]の顛末を描いたものだが、原作の冒頭にこんな一節がある。

「敵が侵入してきたぞ！」
バヤリンは何の疑いももたず、つづけて五回、サシバ［タカ科］の鳴き声を発した。これはクアール社の頭目が人々を呼び寄せるときの合図だ。しばらくすると、二十人ほどの勇士が番刀や投げ槍、弓矢、火縄銃を持ち、次々と集まってきた。

『フォルモサに咲く花』陳耀昌（チエンヤオチャン）・著[*4]

遥か昔から台湾の恒春半島に暮らしてきた誇り高き原住民族の人々も、この時期には決まってサシバの渡りを目にし、季節を知ってきたことだろう。

菊花酒に思う

旧暦の9月9日は「重陽節」である。古代中国では、奇数の1・3・5・7・9

＊3　事件解決に当たった厦門（アモイ）のアメリカ領事チャールズ・ルジャンドルと、当時の恒春半島にあった南パイワン族の連合集落「十八社」の領袖トキトクとで「台湾初の国際条約」が交わされた。このとき台湾の地政学的重要性に目を付けたルジャンドルは、のちに明治政府の軍事・外交顧問に雇用されて「台湾出兵」を手伝い、日本による沖縄と台湾領有へのきっかけを作った。

＊4　P207「主な参考文献」参照。

を「陽数」、偶数の2・4・6・8を「陰数」とした。なかでも9は最大の陽数であり、さらに9月9日と陽数が重なることから「重陽」と呼ばれる。七十二候でもちょうど「菊が咲き始める」のが重陽節の頃で、これが新暦だと1か月ずれてしまう。

この節句にはグミの花を髪にさし、菊の花びらを盃（さかずき）に浮かべて酒を呑むと厄払いできる上、健康長寿に恵まれるといい、唐・宋の時代より楽しまれるようになった。

それには、こんな故事がある。

かつて古代東漢[*5]の頃、とある人が「9月9日に災難があってあなたの家族が皆死ぬから、高い山に登って難を逃れるように」と予言を受けた。そこで言われた通り、9月9日には山に登って菊花酒と景色を楽しんでから家に戻ると、牛や鶏、犬、羊などの家畜がすべて死んでいたという。どうして動物たちが死んだのか理由はよくわからないが、人間の身代わりとなったとも言われている。

しかし時代は移り変わり、この時期に単純に登山やハイキングを楽しむことも「登高（とうこう）」と言うようになった。傑作として名高い唐の詩人・杜甫（とほ）の『登高』という七言律詩も重陽節に詠まれたものだ。

＊5
25～220年。中国の古代王朝・後漢の別名。光武帝が漢を再興して立てた王朝。

風急に天高くして猿嘯哀し
渚清く沙白くして鳥飛び廻る
無辺の落木蕭蕭として下り
不尽の長江袞袞として来たる
万里悲秋常に客と作り
百年多病独り台に登る
艱難苦だ恨む繁霜の鬢
潦倒新たに停む濁酒の杯

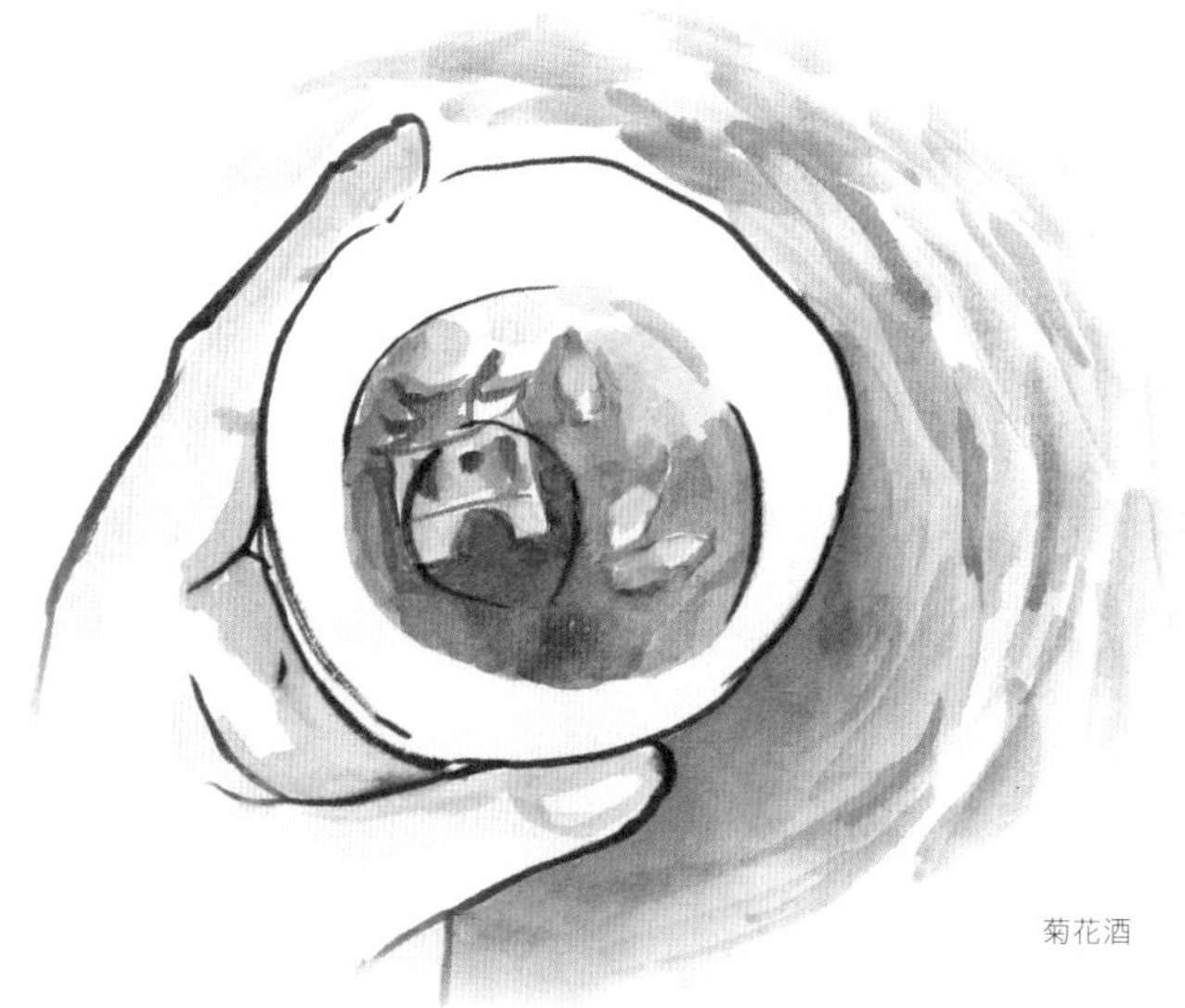

菊花酒

高台に登り、悠久なる長江を眺めながら自分の不遇な人生を振り返る杜甫。生来からだが弱く、この詩を詠んだ50歳半ばには数々の持病に苦しんでいたという。辛い経験つづきで頭の毛もすっかり白くなり、好きな独酌もやめざるを得ないと恨めしげに詠み込んでおり、健康長寿を願う節句という割には、かなりの悲壮感が漂う。

野分けのころ、秋が深まり夜も長くなってくれば、何やらしみじみとこれまでの来し方に思いいたってしまう年齢に、わたしもなりつつある。さらにいえば、高い場所に登れば自ずと体力の衰えも自覚しようし、雄大な自然に向き合えば己の存在のたわいのなさ、ちっぽけさにもあらためて気付かされるというものだ。冬に備えて今一度、自分を見つめ直し謙虚になる季節——重陽には、そんな意味も込められているのかもしれない。

草の戸や日暮れてくれし菊の酒　　芭蕉

霜降（そうこう）

霧社（むしゃ）事件とは何か

東北風（たんぱっほん） 空にはためく虹の旗

蟹（かに）とザビエル

10月に入ると東北から吹き始める季節風「東北風（たんぱっほん）」は、台湾各地にさまざまな気象をもたらす。北西部の新竹では「九降風（かうかんほん）」と呼ばれるからっ風が、名産の干し柿やビーフン[*1]に吹き付ける。台湾最南端の屏東県恒春では、「落山風（るおすあんほん）」という強い風が吹き始める。3〜4千メートル級の中央山脈から、季節風が滑り台を降りるようにやってくるのだ。あまりに強い風のため、恒春では昔から目を病む人が多かったという。

海上を渡ってきた東北風は湿り気を帯び、基隆（きいるん）[*2]にじとじととした「基隆雨（けえらんほお）」を連れて来る。このころがワタリガニのシーズンの到来で、基隆の友人が「そろそろカニの美味しい季節だよ！　基隆に遊びにおいで」と連絡をくれる。特に知られているのが「花蟹（はながに）」、歌舞伎や京劇の隈取（くま）りを施したような柄のカニで、日本ではシマイシガニという。特に甲羅の真ん中に十字があるのが特徴で、十字蟹、キリスト蟹と呼ぶ地域もあるらしい。じつはこのカニの十字にはこんな

＊1　うるち米を原料とする細い麺のことで「米粉（ミーフェン）」とも。ペースト状の原料をところてんのように穴の開いた筒より押し出し、乾燥させる。冷たい風に当てるとコシの強い美味しいビーフンになるといい、冬場に乾燥した風が強く吹く新竹地区が名産地となった。

＊2　P193「一月・小寒」補注3参照。

花蟹

逸話がある。

日本に初めてキリスト教を伝えたスペインのフランシスコ・ザビエルは、インド南部への布教の際、海の時化に巻き込まれる。荒れ狂う波のなか、ザビエルは船の上から十字架を海に向けて嵐が静まるよう祈るが、十字架の鎖がちぎれて海に落ちてしまう。その後、嵐は収まり、ザビエルはとある海岸に上陸する。凪いだ波の打ち寄せる浜辺でザビエルが見たのは、ザビエルが海に落としたはずの十字架を背負って歩いているカニであった。ザビエルは奇跡に感謝し、膝をついてカニの甲羅に口づけした。それ以来、カニは十字模様を甲羅に持つようになったという。

霧社事件起こる

10月27日は、霧社事件が起こった日だ。

霧社地区[*3]に暮らすセデック族[*4]は、以前は統治者によってタイヤル族の一部として「分類」されてきたが、2008年にその文化の独自性が認められ、台湾政府から第14番目の台湾原住民族に認定された。

伝説では、中央山脈のクププ山に生えている「プスクフニ」という大木の生えた岩石から男女二神が出現し、その後多数の子神が生まれた。しかし数が増えて土地が狭くなり、子孫たちは粟を植えることのできる土地を求め、トルク、トウダ、トグダヤの3系統に分かれていったという。3系統の集落はときにテリトリーをめぐって争うことはあったものの、祭りや儀式、タブー、顔の入れ墨などの習慣や戒律を規範する先祖代々の掟「ガヤ」を共有し、秩序ある共生を保ってきた。

このセデックの人々が、1930年~1931年の日本時代に起こった霧社事件の主役である。当時の呼び名は「セイダッカ」。日本に同化を強いられながら差別を受けていた不満が爆発、トグダヤ系統の6つの部落が結託して武装蜂起し、運動会をしていた小学校や派出所、駐在所を襲って日本人を中心に130人以上を惨殺した。日本軍はその報復として、敵対する集落から「味方蕃」と呼ばれる動員をかけ、空爆や山砲、最終的には化学兵器まで導入し、蜂起側を壊滅に追い込んだ。

日本が台湾を植民地としていた時代、台湾総督府の原住民族への囲い込みは、電気の通った鉄条網を張りめぐらせ、塩などの食料品や生活必需品を断ち、飢えさせて範囲を狭めていく残酷なもので、降伏した部落を味方蕃として他の敵

＊3
南投県仁愛郷にあり、桜の名所で「桜都」とも呼ばれる。高鉄台中駅・台鉄台中駅よりバスに乗り「霧社」下車。

＊4
南投県を中心に人口1万人強。女性は伝統的な織物の技術を持ち、「プニリ」と呼ばれるセデック族独特の技法を保存する張鳳英さんと厳玉英さん二人が「人間国宝」に認定されている。

蕃と戦わせた。この戦略を「蕃をもって蕃を制す」という。そもそも1903年に、日本軍の計略により100名以上のセデック族を宴会に誘い込んだブヌン族の人々が、酔っ払ったところに奇襲攻撃を仕掛け、数人を残して皆殺しにし、激烈な仇敵（きゅうてき）の感情を遺したことがあった（姉妹ヶ原事件）。以後も日本の総督府はたびたび部族間の感情を利用し、ついには霧社事件へと発展する。

霧社事件勃発後、日本の総督府は報復のため同じセデック族のトウダを味方蕃にし、蜂起側のトグダヤを狩らせたあと、生存者の収容所を襲わせてさらに200名以上を殺害させた（第二次霧社事件）。また事件後、蜂起側を川中島[*5]（現・清流部落）に収容し、彼らの元々の土地はトウダの人々に与えた。川中島に強制移住させられた蜂起側6部落の人々は、拷問・殺害、マラリアで亡くなる人も多く、人数は6分の1まで減ってしまう。

霧社事件が遺したもの

その後、太平洋戦争では20名以上の若者が「高砂義勇軍」として南方に赴き、半数以上が戦死した。一族の汚名を晴らす、そんな想いで義勇軍に参加した青年も少なくなかったろう。川中島の奥の方、山のそばにある共同墓地には南方に送られたまま帰らなかった青年のための小さな墓がある。小さな石を積んだ

＊5
川中島は日本時代の名称で、現在は「清流部落」。紀念碑のある「餘生紀念館」では霧社事件の原因や経過と影響、資料を見ることができる。南投県埔里からバスが出ている。

質素なもので、一族を霧社事件で失い、また戦争で子供を失ったお父さんの建てたものらしかった。

第二次大戦後、日本が敗戦して台湾から去り、中華民国国民党の時代に入ると、蜂起側のリーダーだったモナ・ルダオは「抗日」の国家的英雄として祭り上げられ、国民党の宣伝に利用された。あまりにも悲しく不名誉な出来事として記憶されていた霧社事件において、自分たちが英雄の子孫であるという物語は少なくない希望と誇りを蜂起側のトグダヤの人々にもたらした。しかし逆に、日本の味方蕃として戦いトグダヤの土地を得たトウダの人々は「民族の裏切り者」という汚名を着せられてしまう。映画『セデック・バレ』[*6]でふたたび日本でも知られるようになった霧社事件だが、日本の植民地時代から長い時間をかけて積み重ね

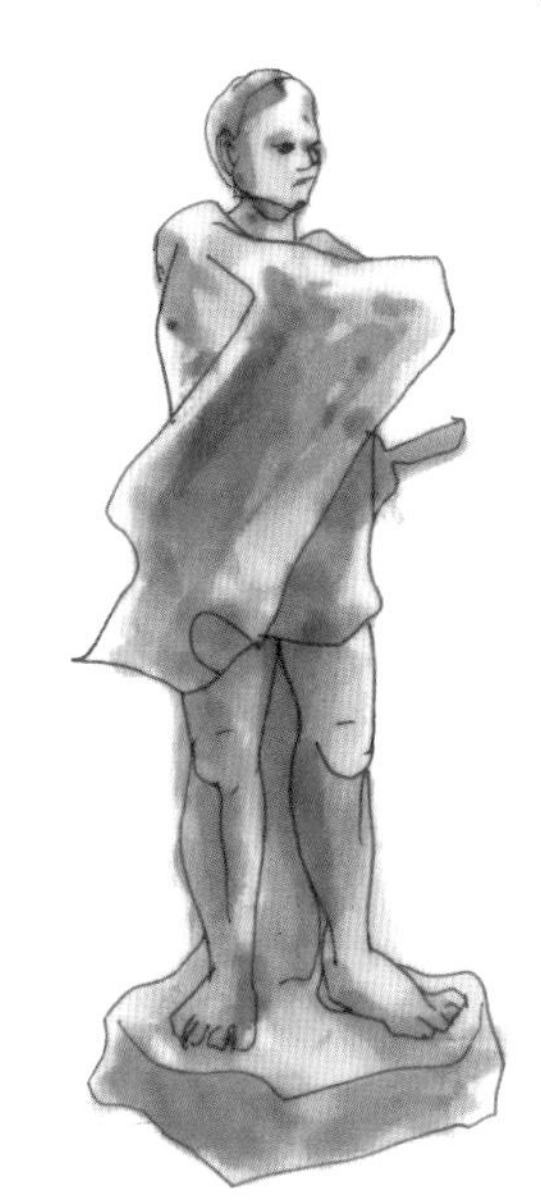

モナ・ルダオの像

＊6
監督・魏德聖（ウェイ・ダーセン）、2011年作品。第一部「太陽旗」、第二部「虹の橋」から成る、霧社事件を描いた4時間半の超大作。

＊7
花蓮県を中心に人口3万3千人強。セデック族とルーツを同じくし、南投より中央山脈を越えて花蓮側に渡ったトルク系の人々が祖先で、伝統的な規律「ガヤ」がある。花蓮のタロコ渓谷を中心に暮らしていたため、日本時代に「タロコ族」と名が付いた。日本統治下の台湾東部の開発において、タロコ族の居住領域に入ってきた日本人移民や日本軍とのあいだで「新城事件」「ウィリー事件」「タロコ戦役」など、衝突や紛争が起こった。

られてきた分断と遺恨が、今現在にいたってもセデックの人々の心に重くのしかかっていることは、あまり伝わっていない。

もう一つ、日本人とセデック族の関わりとして紹介したいことに、キリスト教伝道者であり「原住民医療の父」と呼ばれる井上伊之助の話がある。井上は高知県生まれ。神学校在学中に、台湾・花蓮で樟脳工場の技術者として働いていた父親が、タロコ族[*7]との労働紛争で出草（しゅっそう）[*8]（首狩り）に遭い亡くなった。井上は、信仰によって父の死への怒りと悲しみに立ち向かうため、台湾の山地で公医として医療を施しながら伝道を始める。霧社事件のあと、トグダヤの生存者のマラリアを治療するために川中島へとやってきた井上は、日本政府から「事件参加者を毒薬で殺せ」と要求されるが、きっぱりとそれを拒否した。井上伊之助の信仰と愛による献身は、セデック族をはじめ原住民部落の中で広く知られているという。

「原住民が武装蜂起して多くの日本人を殺し、日本は徹底的に報復した」そう単純に語られがちな霧社事件だが、知れば知るほど複雑な紋様が組み合わさった織り物を眺めるようで、「誰から」「どんなふうに」歴史を見るかで様相はまったく異なってくることにあらためて思いいたる。

＊8 かつて台湾原住民族の多くにあった、敵対集落や異民族を殺し、首を切り落とす風習。男子は出草をすることで一人前の成人と見なされ、狩った首の数は共同体における力を誇示するものだった。生活の近代化とともに出草は減り、日本時代末期にはほぼ見られなくなった。

セデック族には死んだのちに虹の橋を渡って祖霊のもとに帰ってゆくという言い伝えがある。虹といえば、毎年10月の最終土曜日に台北で行われるのが、東アジア最大規模のプライドパレード「台湾同志遊行（トンツーヨウシン）」*9だ。街中にレインボーの旗がはためき、わたしも毎年どこかの区間を歩きに通っている。台湾は２０１９年にアジアで初めて同性婚を法で認める国となったこともあり、約20万人が参加するほど盛り上がる。

じつは、30年以上続いてきた台湾の同性婚運動が、実を結ぶのを後押しした悲しい出来事がある。２０１６年の10月16日、台湾大学で長年フランス語を教えていたフランス人教師・畢安生（ビーアンシェン）（Jacques Picoux）さんが、自宅のアパートから飛び降り、67歳でみずから命を絶ったのだ。原因は、35年連れ添った同性パートナーを前年にがんで亡くしたことだった。当時、がんの末期にあったパートナーは延命措置を望んでおらず、畢安生さんもそれをよく理解していた。しかし、畢安生さんを除いた家族で延命措置が決定されたばかりか、畢安生さんは愛する人の最期に立ち会うことすら叶（かな）わなかった。加えて35年もの長いあいだパートナーと築いてきた財産を相続することもできず、畢安生さんは絶望の

*9 ２００３年より開始。毎年異なる議題をテーマに、ＬＧＢＴＱＩＡ＋の権益だけでなく、フェミニズム、新住民や原住民、セックスワーカーや移行期正義など、さまざまな人権団体が参加する。開催年によってパレードのルートやメイン会場が異なるので、公式ＨＰやＳＮＳを確認のこと。

台湾同志遊行

どん底に追いやられた。侯孝賢作品でも姿を見ることのできる俳優で、映画人らとも親交の深かった畢安生さんの死はマスコミに大きく取り上げられた。そこから同性婚法制化についての議論が再び高まり、２０１９年の同性婚に関する特別法が施行されるにいたる。それ以降は、多くのカップルが登記し周囲に祝福されて結婚している。

大きな犠牲を間近にし、目の前の問題が多くの人々にとっての「自分ごと」に変わったとき、台湾社会はいつも前に進んできた。２０１９年のあの日、日本の国会にあたる立法院で特別法が成立した日のことは忘れない。朝から降りつづいていた雨が止み、代わりに涙がその知らせを待っていた人々の顔を濡らして、見上げた空には虹がかかっていた。

十月の七十二候

日本

寒露初候　鴻雁来る（こうがんきたる）
寒露次候　菊花開く（きっかひらく）
寒露末候　蟋蟀戸に在り（きりぎりすとにあり）
霜降初候　霜始めて降る（しもはじめてふる）
霜降次候　霎時施す（しぐれときどきほどこす）
霜降末候　楓蔦黄なり（もみじつたきなり）

古代中国

寒露初候　鴻雁来賓（ガンが多数飛来して客人となる）
寒露次候　雀入大水為蛤（スズメが海に入ってハマグリになる）
寒露末候　菊有黄華（菊の花が咲き出す）
霜降初候　豺乃祭獣（山犬が捕らえた獣を並べて食べる）
霜降次候　草木黄落（草木の葉が黄ばんで落ち始める）
霜降末候　蟄虫咸俯（虫が皆穴に潜って動かなくなる）

台湾

寒露初候　サシバ渡る
寒露次候　菊の花盛り
寒露末候　中華民国旗はためく
霜降初候　栗実る
霜降次候　九降風吹く
霜降末候　レインボーの旗ひらめく

十一月

立冬（りっとう）

11月7日頃〜11月21日頃

小雪（しょうせつ）

11月22日頃〜12月6日頃

立冬の海

からだを温める食べ物の知恵

冬が来た　ダウンジャケット　裸足サンダル

寒さは足元から

雉入大水為蜃
（キジが海に入って大ハマグリになる）

湿度が下がり空気はさらさらとして、暑くも寒くもない。虫や鳥の声もぐっとひそやかになり、二度寝のお蒲団が慕わしく、いつまでもいつまでも寝ていたい、台北の最も過ごしやすい季節だ。と言いつつ、空の天高く北東から吹き付けてくる冷たい風の気配を感じ、あの辛い台北の冬がまもなくやってくることを思い出して気がしずむ。

古代中国の華北平原で生まれた七十二候、立冬はこう表す。

初候　水始氷（水が凍り始める）
次候　地始凍（大地が凍り始める）
末候　雉入大水為蜃（キジが海に入って大ハマグリになる）

地も水も凍てつき始め、大地が眠りに落ちてゆく。「蜃」とは大きなハマグリで、冬のあいだ姿を消すキジの模様がちょうどハマグリと似ていることから、水中の大きなハマグリはキジが水に入った姿だと古代の人は想像した。中国内陸部よりずっと東に位置する日本への冬の訪れは、もっとゆるやかだ。こちらは江戸期に作られた日本版。

初候　山茶始めて開く（つばきはじめてひらく）
次候　地始めて凍る（ちはじめてこおる）
末候　金盞香し（きんせんこうばし）

ここでいう「つばき」とは「さざんか」のこと。「きんせん」は、水仙の花。日本の七十二候には、中国版に比べて花や草木の登場する頻度が多く、季節を彩る花の種類の豊かさを感じさせる。

日本よりもずっと南にある台湾では、大地や水が凍るなんてことは、よっぽど高い山の上でなければあまりない。しかし、意外に思われるかもしれないが、台湾北部の冬は結構寒い。最も寒いころは気温が10度以下になることもあるが、建物が夏向きに作られているため暖房設備が日本のようではない。雨つづきで湿度も高いので、じめじめどんよりとした冷えが足元より這い上がって、パソコンを打つ指がいつの間にやらかじかんでいる。

冬を間近に感じると、からだを温めるものが欲しくなる。台湾で立冬といえば、定番は「麻油鶏（マーヨウジー）」[*1]。新鮮な鶏肉とショウガを黒ゴマ油で炒めてから、米酒で煮込む。知人の料理上手なおばさんは、水を一切入れずに米酒だけで煮込むのがご自慢だが、米酒のアルコール度数は22度ぐらいあり（一応煮込んでアルコールを飛ばすが、なかなか飛ばし切れるものではない）、酒に弱い人が彼女の麻油鶏を食べるとふらっふらになるので「恐怖のスープ」と呼ばれている。

麻油鶏は出産後（「坐月子（ズオユエズ）」[*2]と言う）の女性の食べ物としても「鉄板」で、わたしの産後にも義母が作ってくれた。出産前後は日本に住んでいたので、台湾の米酒が手に入らない代わりにちょっといい日本酒で作ってもらったら、びっくりするほど薫り高く旨かった。もう一度あれを食べたいものだが、台湾で美味しい日本酒は高価だからとてもじゃないが料理に使う気にはなれない。

漢方の知恵と経験の知恵

もう一つ、立冬を迎えて台湾の人々が列を成すのが羊肉の鍋「羊肉爐（ヤンロールー）」[*3]に、「薑母鴨（ジャンムーヤー）」[*4]。もしスーパーで大量に米酒を買い込んでいる人を見かけたら、こうしたスープや鍋料理を仕込んでいるとみていい。太陽が傾いて日が短くなるということは、「陰陽」の「陰」が勝るのを意味する。そこで「陽（ヤン）」と音の通じる「羊（ヤン）」をからだに採り入れて足りない「気」を補うのだ。もちろん栄養学的にも、

＊1
台湾語では「もあゆうくぇ」。

＊2
産後の肥立ちをケアすること。産後一か月は徹底的にからだを休めることで、更年期のトラブルが減り、健やかに年齢を重ねられると言う。そのため、新生児と母親が一緒に滞在できる産後ケア専門の医療施設「坐月子中心」は大人気。

＊3
台湾語では「いむばーろー」。

＊4
台湾語では「きうむぼーあー」。

羊肉にはからだを温める成分が含まれている。また、どの料理にも共通するのが大量の「薑(ジャン)」、つまりショウガ。中医学[*5]の医食同源[*6]のなかで、古くから万病に効果ありと用いられてきた健康食品だ。そこに漢方薬の乾燥した当帰(とうき)、紅ナツメ、枸杞(くこ)も加えれば最強「陽」スープの出来上がり。ちなみに、台湾で食べられる「羊」といえばヤギのことで、「鴨」はアヒル。また同じショウガでも生で用いるのは「陰」でからだを冷やし、からだを温める「陽」の作用があるのは加熱または乾燥させたショウガなので、注意が必要だ。

かように「冷え」に敏感で中医学を重んじる台湾の人々について、長年の疑問がある。それは「どうして冬でもサンダルで裸足なのか?」だ。

羊肉爐

＊5
古代中国より発達した伝統医学で、日本では「東洋医学」「漢方」と呼ばれる。台湾では西洋医学を「西醫」、中医学を「中醫」と言い、どちらの医師資格を持つにも国家試験がある。また台湾には日本と同じく国民皆保険制度があるが、基本的には中醫を受診する際にも国民健康保険が使える。

＊6
病気を治療するのも、日々食事をするのも、からだを健康に保つため、という意。元々の言葉は「薬食同源」。

今でこそお洒落(しゃれ)なブーツ姿の人も増えたが、15年ほど前は冬でもサンダルに裸足が当たり前だった。とりわけダウンジャケットに裸足サンダルでバイクに乗っている人を見ると、「ああ、台北にも冬がやってきたなあ」と感じる。なぜダウンジャケットに裸足サンダルなのか、毎年この季節を迎えるたびに考えたり誰かに質問したりしているが、これが正解と断言できるにはいたっていない。だが、あえてここで成果を披露すれば、

・冬は雨が多く、足が濡れるのが気持ち悪いのでサンダル
・湿気がこもって、水虫になるのを防ぐためサンダル
・バイクに乗ると風が強く当たって冷えるので防寒のためにダウンジャケットを着るが、暑くなるのを防ぐ体温調整のためサンダル
・台湾の家は夏向けで涼しいようにタイル張りが多く、靴下を穿(は)くと滑る(つまり裸足で生活が基本)
・ちょっと出かけるにもバイクなので、すぐ羽織れるダウンジャケットにサンダル

等々。生活の定番現象はすべて経験に培われたものだから、きっといろんな知恵に支えられているに違いない。

ダウンジャケットに裸足サンダルでバイク

小雪

神様を見て土地の勝者を知る

王爺のお誕生日は賑々し

菱の実売りと東北風

1年も残す日を数えられるようになり、陽の落ちる速さが加速する。長い夜の空気は澄みわたり、外界の物音がクリアに聞こえる。しんと静まり返った深夜に、隣家の庭の椰子がバサバサッと葉を落とす。台北の冬は寒い。気温が10度前後まで下がることも珍しくない。このころから、夜の道端で白い蒸気に包まれた屋台の車を見かけるようになる。看板に書かれた「菱角」*1とは、菱の実のこと。台湾南部を主な産地とするヒシ科の水生植物で、秋から冬にかけて多く実が採れる。近づいてみると、真っ黒で牛の角のような形をしたものが籠に敷いた白い布の上で湯気を立てている。山盛りになった黒い異様な形状の物体に最初は驚くが、硬い殻をむくとなかから白い実が顔をのぞかせ、噛むとふわっと栗のような薫りが口の中に広がる。台湾の人々が好む秋冬のおやつである。

古代中国の七十二候で小雪の初候は、「虹蔵不見（虹を見かけなくなる）」。ちょ

*1 菱の実。ミソハギ科ヒシ属の水生植物。日本でも昔はよく食べられており、忍者の「マキビシ」も元々はこれだったという。主な産地は台南市官田区や高雄市左営区など、台湾南部が中心。

菱の実

うど4月の清明の末候「虹始見（雨のあと虹が出始める）」と対になっている。これから半年ぐらいは空気中の水分が減り、虹を見かけることが少なくなる。しかし昔の人は陰陽の気が混じり合って虹ができると考えていたらしい。陰の気に覆われる冬は、虹が見えなくなると思ったのだろう。

日本版の七十二候で小雪の次候は、「朔風葉を払う（さくふうはをはらう）」。「朔」は「北」で、「朔風」は「北風」のこと。「木枯らし」とも呼ばれる。このころから台湾でも、東北季節風「東北風（㊍たんばっほん）」が強くなり、寒気団の冷えを雨とともに台北に運ぶ。そんなこんなで、冬ばかりは寒くてジトジトした台北を脱出して中南部で過ごしたい……毎年のようにそう思う。台湾は北部と南部で気候が正反対になることが多い。九州と同じぐらいの大きさでありながら、中部に北回帰線が通っていて亜熱帯と熱帯に分かれている。また、標高3952メートルの玉山*2をはじめ三千メートル級の山々の連なる中央山脈もある。複雑な気候になるゆえんだ。

疫病と神様

この時期の台北で行われる盛大なお祭りが、「王爺」*3という神様のお誕生日をお祝いする「艋舺大拝拝」である。現在の中国福建は泉州のあたりから数百年も前に移民してきた人々が1856年に建てた「艋舺青山宮」*4を中心に行われるお祭りで、毎年旧暦の10月21日頃に3日3晩盛り上がる。

台湾独特の文化や季節を背景に、俳句の「季語」を編んだ書籍『台湾俳句歳時記』では、「青山王祭」と記載があり、こんなふうに紹介されている。

――特に昔、移民とは暴挙に近かった。海のあちら側は霞でしかなかったのだから。禁令を犯してまでして台湾に渡った移民たちは、水神媽祖の神像のほかにも郷土神を奉持し、ともかくも天つ渚に辿りついた。兄弟縁者、相抱いて慟哭し、その涙で海峡の水位が一メートルも上昇した。しかるに台湾は楽園ではなかった。天災地変、疫病土匪、他国者との地盤争いや原住民族の首狩り…か

*2
台湾のみならず東アジアの最高峰で標高3952メートルだが、海洋プレートの関係で毎年少しずつ高くなっている。19世紀に西洋人から「モリソン山」、日本時代には「新高山」と名付けられた。真珠湾攻撃の暗号「ニイタカヤマノボレ」の「ニイタカヤマ」はこの玉山のことである。

*3
台湾華語では「ワンイエ」。台湾における総本山は、台南市の「南鯤鯓代天府」(1662年創建)。

*4
台北で最も早くから発展した龍山寺のエリアにある。台北MRT「龍山寺」下車、徒歩約10分。

くして同郷者は砦をつくり、その中心に郷土神の廟が鎮座した。

『台湾俳句歳時記』黄霊芝・著

台湾で廟に出会い、そこに祀られている神様を見れば、その土地の居住者がどこにルーツを持っているのか推測できることは多い。同じ福建にしても泉州と漳州、そしてさらに細かく分類できる。廟に祀られている神様は、誰がその土地の勝者であるかを示してくれる。例えば、「清水祖師（せいすいそし）」*5は福建泉州の安溪（あんけい）人を守護する神様である。だからもし清水祖師を祀っていれば、そこは泉州の安溪人によって開墾された土地ということになる。鉄観音で知られる安溪は昔からお茶の名産地で、多くの人が茶葉産業に従事していた。幾度の干ばつで雨乞いに成功し、茶葉に慈雨をもたらした清水祖師は、安溪人の守り神となった。

しかし、そうしたローカルを超えて人々の信仰を集めたのが青山王祭の主役、疫病を鎮める神様・王爺だった。そもそも王爺信仰は、台湾でも早くから都として開けた南部を中心に盛んだが、台北も元々水運で栄えた都市である。殊に台北一の港・艋舺（バンカ）*6には、各国の港からさまざまな商人や船乗りが疫病を持ち込み、爆発的なエピデミックを何度も起こした。異なる土地の出身者同士の土地争いも壮絶を極め、１８５３年には多くの死傷者を出す土地戦争が勃発。遺体

*5
代表的な清水祖師廟に、新北市三峡の三峡清水祖師がある。東京美術学校（現・東京藝術大学）で絵を学んだ三峡出身の著名な画家・李梅樹が１９４７年の改築を監督し、絵や彫刻など建築美術的にも見どころが多い。台北MRT板南線「永寧」でバスに乗り換え、「三峡老街」下車。

*6
今の龍山寺周辺。淡水河沿いの港として発展した。漢人と原住民族の交易場所であり、原住民平埔族バサイの言葉で「小さな舟」を意味する「バンカ」に漢字を当てたもの。日本時代には「萬華」の字が用いられた。

青山王祭の演者

王爺

は腐敗してさらなる伝染病が広まった。

そこで泉州の恵安出身の人々は、郷土神である王爺のお神輿を作り、街中を練り歩いた。すると、ある通りでお神輿が止まってしまいどうにも先に進めない。「タンギー」[*7]が言うには、そこにあった古井戸に千年以上生きたコオロギが閉じ込められており、このたびの伝染病を引き起こしているという。

1856年、人々はその古井戸の場所に廟を建て王爺を祀った。すると人々を苦しめていた疫病はウソのように収まり、以来王爺は疫病の多い台北において絶対的な信仰を集めるようになった。このときに建てられた廟が青山王祭の行われる艋舺青山宮で、今も廟に祀られた神像の下には古井戸があると言われている。

その後も疫病のたびに王爺の霊験あらたか、一説では2003年に台湾でSARSが勃発した際、11月の青山王祭の巡行後に流行が収まったともいう。しかし今回のコロナ禍には王爺も歯が立たないのか、巡行後も収めることはできなかった。

*7 神とのあいだに介在するイタコのような存在。

十一月の七十二候

日本

立冬初候　山茶始めて開く（つばきはじめてひらく）
立冬次候　地始めて凍る（ちはじめてこおる）
立冬末候　金盞香し（きんせんこうばし）
小雪初候　虹蔵れて見えず（にじかくれてみえず）
小雪次候　朔風葉を払う（さくふうはをはらう）
小雪末候　橘始めて黄なり（たちばなはじめてきなり）

古代中国

立冬初候　水始氷（水が凍り始める）
立冬次候　地始凍（大地が凍り始める）
立冬末候　雉入大水為蜃（キジが海に入って大ハマグリになる）
小雪初候　虹蔵不見（虹を見かけなくなる）
小雪次候　天気上騰地気下降（天地の寒暖が逆になる）
小雪末候　閉塞而成冬（天地の気が塞がって冬となる）

台湾

立冬初候　水道水ひんやり
立冬次候　ダウンジャケットに
　　　　　裸足サンダル
立冬末候　羊肉鍋に行列できる
小雪初候　東北風つよくなる
小雪次候　菱の実、湯気をたてる
小雪末候　艋舺大拜拝

十二月

大雪（たいせつ）
12月7日頃～12月21日頃

冬至（とうじ）
12月22日頃～1月5日頃

大雪と冬至の門神

大雪（たいせつ）

潮流れ　春節近しボラの群れ

原住民族の狩り文化

大雪の雨

台湾北部の冬の一日は、シトシト雨の音で始まる。夜はシトシト雨の音を聴きつつ眠りに落ちる。つまり朝から晩までずーーーーっとシトシト、つけっぱなしの除湿器がゴーゴーと鳴り響き、ショパンの調べどころではないのが台北の冬である。ところが先日、台湾のこんな古い諺を知った。

「大雪無雲是荒年」。二十四節気の大雪が、もし雲一つなく晴れ渡るようならば来年は不作であるという。つまりこの時期の雨は、農業の盛んな台湾の先行きを占う大事なものなのだ。そう聞いて、薄ら寒いシトシト雨の辛さが紛れた。そうか、それならしっかり降ってもらわなくては！　しかし中南部では、雲は多くとも雨は少ないと聞くから、やっぱり台北の冬は格別かもしれない。

太陰太陽暦の生まれた中国黄河中下流域は、この大雪の頃から本格的に雪に包まれるという。大雪の七十二候は次の3つ。

初候　鶡鴠不鳴（カッタンが鳴かなくなる）

次候　虎始交（虎が交尾を始める）
末候　茘挺出（大ニラが芽を出し始める）

鶡鴠（カツタン）とは、日本語版ウィキペディアには「ミミキジ（カケイ）」というキジ科の鳥と書かれている。しかし研究者たちのあいだでは「四つ足の鳥の妖怪だ」とか「いやムササビだ」など、実際に鶡鴠が何を指すかは今でもさまざまな議論があるようだ。次候の虎も興味深い。冬至に向けてどんどん昼が短くなるこの時期は、陰陽でいえば1年で最も陰が極まるが、逆にそれは生命（いのち）萌えいずる陽の季節の始まり（冬至）がすぐそこまで訪れているのを意味する。そこで陽の気が大好きな虎は、ほんの少しの陽の兆しを感じ取って発情し、大ニラ[*1]も芽を出し始める。古代中国に生まれた陰陽という思想の面白さが、しみじみ感じられる。

日本の多くの地域では、この季節に大雪

*1　ネジアヤメとするものもあり。

鶡鴠

と聞いてもピンと来ないだろう。江戸時代に生まれた日本版七十二候は

初候　空塞く冬と成る（そらさむくふゆとなる）
次候　熊穴に蟄る（くまあなにこもる）
末候　鱖魚群がる（さけむらがる）

で、雪が登場するのは冬至の末候（元旦が明けたころ）である。

熊といえば、最近はとりわけ熊被害の深刻なニュースが日本から届く。熊の頭数が増えていることや、里山に以前のように頻繁に人の手が入らなくなり、動物たちと街の暮らしの境界が曖昧になっているなど理由はさまざまあるらしい。

熊、そして三候目の鮭とくれば思い出すのが、北海道のアイヌ文化である。アイヌ語で鮭は「カムイチェプ」（神の魚）もしくは「シペ」（本当の食べ物）と呼ばれるそうで、その年に初めて捕れた鮭は盆に載せて神様に捧げるという。

キョンとカラスミ

先日、苗栗県の山中に泊まった時、夜中に鉄砲を撃つ音がした。このあたりの山に住んでいるサイシャット族*2の人々が、キョンなどの野生動物を狩っている銃声と教えてもらった。

＊2
苗栗県、新竹県、桃園市を中心に人口7千人弱。サイシャット族がかつて絶滅に追いやった「タアイ」と呼ばれる小人（こびと）を祀る2年に一度のお祭り「パスタアイ」で知られる。

タイワンキョン

山の子の涙を後に羌（キョン）売らる　陳錫枢（ちんちゅうすう）
『台湾俳句歳時記』黄霊芝・著

「羌」とは「タイワンキョン」という小型の鹿で、両目の下にある臭腺（しゅうせん）がつぶった目のように見えることから、「四眼鹿（よつめじか）」とも呼ばれる。ちょうど抱きかかえられる大きさで、目がクリクリして、成獣でも「バンビ」のようでとても愛らしい。台湾全土の山に生息しており、肉は柔らかく美味しいそうで、冬に食べると精がつくという。そんなわけで、『台湾俳句歳時記』では台湾の寒いときの季語として紹介されている。小さなころから育てるとよく懐くらしいが、それでも冬の食材としていつかは、歌『ドナドナ』のごとく売られてゆく。紹介した俳句は、そんなキョンとの別れを経験した子供の哀切を詠んだものだろう。泣きはらした目をした子供の姿が脳裏に浮かんでくる。

山での猟は、台湾の地に何千年も前から暮らしてきた原住民族の人々の伝統的な文化として特別に認められており、キョンは昔から大事な獲物の一つだった。とはいえ、生態保護の観念が発達するとキョンも保護動物リストに入れられ、伝統的な狩りにもかかわらず違法行為として捕まった人も少なくなかったらしい。しかし、キョンの生態数と照らし合わせ、一定数以上の生息が確認されたので、２０１９年には保護動物リストから外された。ようやく安心して狩りができるようになったのである。

日ごとに更新される文明や進歩性と、伝統文化との兼ね合いは非常に難しいもので、先住民の人々が犠牲を払ってきた経緯は世界中にある。しかし近年は、例えばアートの分野においても、これまで力や文化を奪われてきた人たち、歴史のなかで見えないことにされていた方々の文化やクリエイティブが見直されるといった、ナショナル・アート・ヒストリー[*3]の読み直しが世界的な潮流となっている。この流れは台湾でも例外ではなく、近年の国際展[*4]の台湾代表にも原住民族アーティストが選ばれるなど、今や台湾文化を語る上で原住民族は欠かすことのできない存在となった。アイヌと台湾原住民族との文化交流も始まっていて、先日インタビューしたパイワン族のアーティスト・武玉玲（ウーユーリン）[*5]さんも、「アイヌと私たち台湾原住民族は文化的に共通するものがたくさんある」と語っていた。

＊３
西欧を中心とした従来の美術史を解体し、西欧以外や植民地なども含めた美術史を再構築しようとする試みのこと。現在は世界的に「ダイバーシティ（多様性）」「脱植民地化」「持続可能性」が重要な共通テーマとなっている。

＊４
長年イタリアの「ヴェネチア・ビエンナーレ」やドイツの「ドクメンタ」が主要な国際展であったが、１９９０年以降は世界各国で３００を超え、アジア・太平洋地域では「シドニー・ビエンナーレ」「光州ビエンナーレ」が知られる。

たしかに日本と台湾とのあいだの潮の流れを見れば、黒潮〜対馬海流によって台湾東部と北海道は繋がっている。海流や季節風に乗って、台湾と日本のあいだを古代よりさまざまなものが往来してきたのではないかと空想するのは楽しい。

川の上流で生まれ海に下って成長した後、産卵のために再び生まれた川に戻ってくる鮭。それと同じくこの時期に産卵のため台湾沖へと泳いでくるのが、台湾名物「カラスミ」[*6]（烏魚子）の原料となるボラの群れだ。この時期に台湾海峡へと南下してくるボラの卵巣は脂がのって最高というのは、食通としても「金儲けの神様」としても知られた台湾出身の直木賞作家・邱永漢の言である。近年は温暖化のためかボラの群れの泳ぐルートが変わり、養殖や輸入ものが増えているとも聞くが、まもなく迎える春節のため、台湾のあちこちでカラスミ作りの仕込みが始まるのがこの大雪前後である。

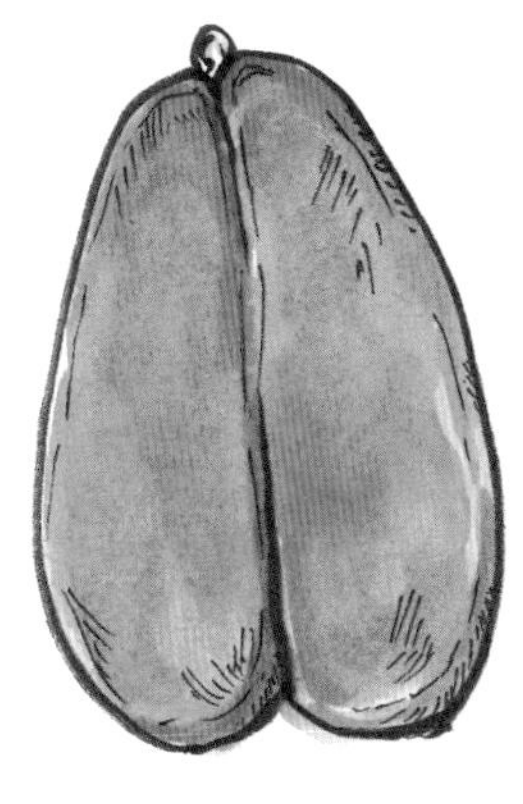

カラスミ

＊5
パイワン族名はアルワイ・カウマカ。2009年の台風災害「八八水害」で居住地を失い、その経験をもとに創作を展開。糸や編み物、織物やパイワン族の伝統的な文様を組み合わせたインスタレーションが評価され、ヨコハマトリエンナーレ2020にも参加した。

＊6
ボラの卵巣を塩漬けし乾燥させたもの。産地としては雲林県口湖郷はじめ、台南や鹿港、新竹など西部が知られる。台湾では両面にコーリャン酒などを塗って一度芳ばしく炙ったものを薄く切って、ニンニクと大根のスライスを添えて食べるのが一般的。

冬至（とうじ）

地方色豊かな冬至の伝統食

澎湖（ポンフー）の冬至といえば何食べる？

陰の気が極まるとき

日本ではクリスマスだ、年の瀬だと慌ただしい時期だが、冬至を迎えて歳を一つ取った昔の人には、冬至は1年の始まる大切な日であった。昼の時間が1年で最も短いこの季節は、陰の気が最も極まる。七十二候の日本版は、以下の3つ。

初候　乃東生ず（なつかれくさしょうず）

次候　麋角解つる（おおしかのつのおつる）

末候　雪下麦を出だす（せっかむぎをいだす）

この時期に芽を出す「乃東（なつかれくさ）」とは夏枯草（かごそう）のことで、和名をウツボグサという。夏に紫色の小さな花が松傘のように咲き、花が終わると枯れたようになる。枯れかけた花穂は、最も古い漢方薬の書『神農本草経（しんのうほんぞうきょう）』＊1にも記載があるとされ、口内炎や扁桃（へんとう）腺炎、膀胱（ぼうこう）炎などに効く消炎・利尿薬として利用されてきた。「鹿の角」もお酒に漬けて飲めば強壮や腰痛、産後の不正出血によいらしく、台湾で

＊1 中医学による三大古典の一つで、個々の生薬（漢方薬）について述べた中国最古の薬物書。著者や年代は不明だが、後世多くの復元が試みられ、日本でも江戸時代後期に医師の森立之による校定本がある。

はスーパーでも売られており、日本でいえば「養命酒」に近いだろうか。東洋医学は人間のからだに陰陽があり、そのバランスを取ることで健康に繋がるという考え方が基本にある。最も陰の気が極まる冬至の自然現象と関わるものが、からだの陰陽を整えるのに古来役立てられてきたことに、自然と人との繋がりを深く見つめてきた古人の知恵を感じずにはおれない。

一方、古代中国版の七十二候はこうなっている。

初候　蚯蚓結（ミミズが地中で塊となる）
次候　麋角解（大鹿が角を落とす）
末候　水泉動（地中で凍った泉が動き始める）

ミミズは陽の気を感じてからだをのばし、陰の気を感じて縮む。冬至の強烈な陰の気を感じたミミズは地中で身を丸めて塊になり、陽気の強い鹿の角もぬけおちる。しかし陰が極まれば、そこには一筋の陽の気が現れ、その微妙な陰陽の流動にみちびかれ、凍った土の中ではゆっくりと水が動き始める。

湯圓（タンユエン）、菜粿（ツァイグェ）、鶏母狗仔（けーむがあ）

日本の冬至には、かぼちゃや小豆を食べて柚子（ゆず）湯に入れば1年間風邪をひかないという習わしが知られるが、台湾で冬至といえば「湯圓（タンユエン）／圓仔（インアー）*2」だ。もち米粉で作った紅白の白玉や、黒ゴマペースト餡（あん）の白玉団子はわたしも大好きだが、どうやら他にもいろいろあるらしい。そこで、台湾の友人らに「冬至といえば何食べる?」と聞いてみたところ、たくさんの回答が寄せられた。

例えば、十一月・立冬の項（P162）でも紹介した麻油鶏（マーヨウジー）、薑母鴨（ジャンムーヤー）、羊肉爐（ヤンロールー）などのからだを温める料理。ある方が見せてくれた冬至のお母さんの手料理写真には、麻油鶏のほか、干し椎茸（しいたけ）と鶏の透き通ったスープ、豚モツの胡椒スープが並んでなんとも温かく美味しそうだった。戦後に中国より台湾へと渡ってきた、小麦粉文化豊かな中国北方がルーツの人であれば、冬至にワンタンや水餃子を食べる家庭もあるという。

台南の友人は「菜包（ツァイバオ）*3」を食べると教えてくれた。菜包と聞くと客家の人々が正月に食べる干し大根が入ったものを思い出すが、台南のは「菜粿（ツァイグェ）」とも言って大根やニンジンの細切り、セリ、ピーナッツ粉、漬物などを入れ、大きな水餃子のような形をしている。同じ台南でもエリアによって白・紅・緑と多彩で、冬至に特別に作るので「冬至包（ドンツーバオ）」とも呼ばれるらしい。

台南と同じく「菜粿」を食べると教えてくれたのが、台湾海峡に浮かぶ離島、

*2
白玉団子と一口に言っても多くのバラエティがある。小豆や黒ゴマ、ピーナッツ餡の入ったスイーツ、お肉系の餡の入ったオカズ白玉団子のほか、餡のない白玉をスープに入れたもの、揚げたものなど。

*3
台湾語では「つぁいぱう」。

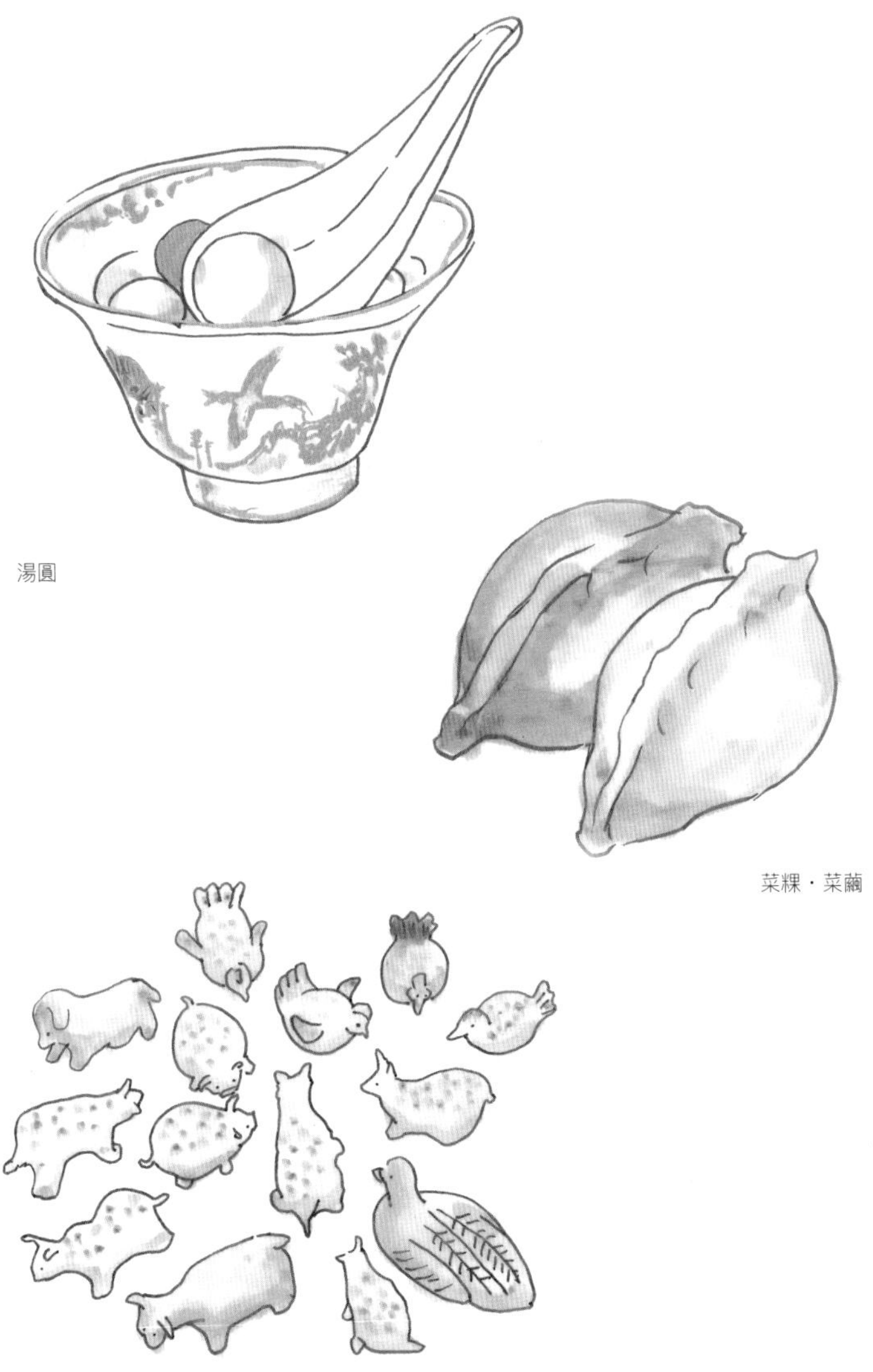

湯圓

菜粿・菜繭

鶏母狗仔

澎湖(ポンフー)[*4]県出身の友人だ。こちらは「菜繭(ツァイガン)」と呼ばれ、大根やニンジンのほか木耳(きくらげ)やエビ、椎茸、豆干(ドウガン)[*5]の細切りを包む。

さらにもう一つ、澎湖の特別な冬至食があるという。「鶏母狗仔(台 げーむがぁ)」といい、もち米粉を練って鴨、犬、牛、羊、魚、豚などさまざまな動物や古代のお金の形をこしらえ、食紅で色をつける。昔の農業社会において冬至は農閑期の入りでもあったから、共に働いてきた家畜をねぎらう意味で鶏母狗仔をこしらえ、五穀豊穣と円満平安を祈った。また春節前に何度も豚や羊を殺して祖先にお供えする贅沢(ぜいたく)はできないので、代わりにこしらえた鶏母狗仔を祖先にお供えしたともいう。

よくよく調べてみれば、鶏母狗仔は中国南方・福建地方の漢人の伝統習俗で、澎湖以外でも台湾各地で作られていたようだが、次第に作る家庭も減り、今はその存在を知る人も多くない。日本でも、離島にこそ原型に近いかたちでかつての文化が残されている例は少なくない。12〜13世紀頃、かなり早い時期から漢人の定住が進んだ澎湖だけに、また離島であるがゆえ、伝統文化を色濃く残してきたのかもしれない。こうした各地域の飲食文化の来し方に想像を遊ばせるのも、季節の行事について知る楽しみである。

*4
64島からなる群島で、なかでも最大の澎湖島は台湾本島より西へ約50キロ、観光業と漁業が盛ん。少なくとも5千年前より古い粗縄紋土器が見つかり、新石器文化が存在したとされる。中国大陸からの移住者による開墾が早くから始まり、南宋の頃には漢人が定住した。日本時代には軍事要塞として重要視され、昭和天皇も皇太子時代に視察に訪れた。

*5
堅めに作った豆腐を圧縮・脱水して保存がきくようにしたもの。千切りにして炒めたり、そのまま八角など漢方薬と一緒に煮込んだりする。

じつは冬至を祝ってきたのは東洋の人々だけではない。キリスト教の歴史研究の一説によれば、12月25日をイエス・キリストが誕生した「クリスマス」として祝うようになったのは、冬至と関係が深いという。

古代ローマ帝国で広く信仰されていた「太陽神ミトラ教」[*6]では、太陽の力が最も弱まる冬至が、太陽の力がどんどん強くなっていく始まりだとして、12月25日に徹夜でお祝いをしたらしい。土俗宗教を呑み込んで西洋全土で定着していったキリスト教は、古来の祝祭日として12月25日をイエスの生まれた日とさだめ祝うようになった。つまり東洋と西洋の、根っこは同じというわけだ。わたしたちみんな、この太陽が昇ってはしずむ地球に生きていることを冬至は教えてくれているのだ。

＊6　古代アーリア人の宗教で、古代ペルシアで信仰された。

十二月の七十二候

日本

大雪初候　空塞く冬と成る（そらさむくふゆとなる）
大雪次候　熊穴に蟄る（くまあなにこもる）
大雪末候　鱖魚群がる（さけむらがる）
冬至初候　乃東生ず（なつかれくさしょうず）
冬至次候　麋角解つる（おおしかのつのおつる）
冬至末候　雪下麦を出だす（せっかむぎをいだす）

台湾

大雪初候　雨音で明け暮れる
大雪次候　ボラ追い冷える
大雪末候　キョンのこえ響く
冬至初候　冬至なにたべる？
冬至次候　麻油鶏おいし
冬至末候　市場に酸桔仔（シークヮーサー）ならぶ

古代中国

大雪初候　鶡鴠不鳴（カッタンが鳴かなくなる）
大雪次候　虎始交（虎が交尾を始める）
大雪末候　茘挺出（大ニラが芽を出し始める）
冬至初候　蚯蚓結（ミミズが地中で塊となる）
冬至次候　麋角解（大鹿が角を落とす）
冬至末候　水泉動（地中で凍った泉が動き始める）

一月

小寒（しょうかん）
1月6日頃〜1月19日頃

大寒（だいかん）
1月20日頃〜2月3日頃

基隆の石頭鍋

小寒（しょうかん）

みんなで囲む鍋と丸テーブル

沙茶醤（サーツァージャン）ソースでめぐる鍋の旅

唐土の鳥

ある年の年末年始のこと、東アジアを襲った寒気は台北にもやってきて、12月30日の朝には22度だったのが夜中には5度、つまり1日の間に17度も気温が急降下した。寒気は湿度も吹き飛ばしてくれたらしい。台北独特の嫌な寒さでないのは幸いだった。鼻から吸い込む空気はさらっとヒンヤリ、なんだか冬の日本の空港に到着したみたい。台湾で希少な雪景色が観られることで有名な合歓山（ハーファンシャン）*1でも、早めの積雪があったらしい。これで紅白歌合戦を見ながら年越しそばでも食べれば、気分は完全に「日本の年越し」では?とウキウキしていると、周りの台湾人の友人たちも「なんだか日本に旅行に来ているみたい」とはしゃいでおり、人間の皮膚感覚の記憶ってすごいなあ、とあらためて感心した。

西暦で年が明け、初めて迎える二十四節気は小寒。これから1か月は1年で

*1 花蓮県と南投県の県境にある連峰で、主峰は標高3416メートル。合歓山スカイラインは3千メートル級の峰を越えるドライブコースで、台湾でも有数の積雪地帯。

最も寒い時期で、日本ではちょうど正月7日目に「七草がゆ」を作る。京都に住んでいたとき、働いていた京料理屋さんの店長が、七草を包丁で叩いて刻むのに「京都では、こんな歌うたうねん」とわらべ歌を教えてくれた。

七草なずな　唐土(とうど)の鳥が　日本の国に　渡らぬ先に　ストトントン

あとで調べると京都だけでなく、江戸時代には日本のあちこちで歌われていたという。唐土とは、中国大陸のこと。中国の鳥がインフルエンザといった疫病や害虫を日本に運んできませんようにと、1年の息災への願いを刻む七草に込めた。中国の土地は広大で、多様な気候と生き物、食文化がある。人も多く農地も広いので、昔からさまざまな疫病や害虫が発生しやすかった。古来、暦をはじめ多くの文明が中国から日本へと伝わったが、疫病もまた鳥などを介して日本まで運ばれることを、昔の人は経験として知っていたのだろう。科学的な知見が多少は発達した現代でも疫病は繰り返し起こっているし、これからも起こるだろう。過去の疫病は「七草がゆ」の文化を日本に残したけれど、コロナ禍はこの世界にどんな文化を残すのだろうか。

港町基隆（きいるん）の火鍋

さて、南国台湾といえども冬の台北は寒い。じっとりした湿気も手伝って骨まで染み込むような寒さ。そこでこの季節によく食べられるのが、からだを温める「火鍋（フオグオ）」である。火鍋とは鍋料理全般を指す。先に紹介した「薑母鴨（ジャンムーヤー）」や「羊肉爐（ヤンロールー）」のほか、痺れるような辛さの「麻辣（マーラー）火鍋」や発酵させた白菜を味わう「酸白菜火鍋（スアンバイツァイ）」、昆布やかつお節で出汁（だし）を取るヘルシーな和風鍋やしゃぶしゃぶも人気がある。コロナ禍以降は自宅で好きな火鍋を楽しめる火鍋スープの素（もと）が流行りで、スーパーに行けば有名店の「監修」が売りのスープがざっと30種類以上は競い合うように並ぶ。モン

＊2
東南アジアで食べられる、スパイシーなスープ麺。インド・中国からの移民と現地のインドネシア・マレー系の食文化が融合した。

火鍋

ゴル風や上海風薬膳から、韓国風や東南アジアのラクサ風＊2も捨てがたい。家に居ながらにしてアジア各地の香りが愉(たの)しめ、我が家でも週に一度はいろんなスープに挑戦して「鍋旅行」に出かけている。

それでもやはり鍋は、現地の雰囲気や風景込みで味わいたいものではある。先日、台湾北部一の港町は基隆(きいるん)＊3で、台湾の歴史や地名、飲食などを研究している作家の曹銘宗(ツァオツォンミン)さんに案内いただき、基隆独特の火鍋を味わった。「石頭鍋(スートウグオ)」は、深めのフライパンのような石鍋で、豚肉と玉ねぎを先に炒めて香りを出してからスープを注いで味わう台湾の人気の火鍋。しかし、基隆ではさらにひと手間加える。

まず熱した厚い石の鍋に油を引いて店員が手早くスルメを炒め、つぎに肉と玉ねぎを炒めて芳(こう)ばしさをじゅうぶんに鍋に出してから、特製の薬膳スープを注ぎ入れる。からりと揚がったスルメの薫りがぶわっとあたりに広がり、ドラマチックなほどにかぐわしい。スープには甘草(かんぞう)や赤ナツメ、枸杞(くこ)の実が使われ、飲むとほのかな甘みがのどに残る。具材は、冷蔵コーナーから自分で持ってきた皿の数で清算する「回転ずし」スタイル。お洒落どころか殺風景なほどの佇(たたず)まいだが、常に満席の人気店だ。ここの漬けダレには「沙茶醬(サーツァージャン)」といって、東南アジア華僑から伝わった「サテソース」＊4を元にした独特の調味料が使われる。

＊3
台湾原住民族のケタガラン族の名前から「けらん→きいるん」となった説が主流だが、本文に出てくる台湾地名文化研究者の曹銘宗と台湾史研究者の翁佳音は、早期から基隆にはホーロー人の船が寄港しており、港の入口にある島の形が沖合いから見ると「鳥かご」に似ていることから「鶏籠」（けーらん）→日本時代に「基隆」（きいるん、台湾華語ではジーロン）となったという。1626年にはスペインが占領し城を築くなど、台湾史の地層が積み重なった場所である。

＊4
東南アジアでよく食べられる、串焼きにかけるピーナッツ粉入りの甘口のソース。

基隆港

さらに、基隆ではこの沙茶醬とカレー粉をミックスした味付けの料理が多い。前述の曹銘宗さんによれば、沙茶醬は中国大陸からの潮州系移民を通して広まり、カレー粉を多用するのは日本の影響ではないかという。海洋地図のなかで古くから、台湾の玄関口として発展してきた基隆ならではの食文化と言えるだろう。

尾牙（ぼえげえ）シーズン

火鍋以外でも友人や職場仲間で集まる機会の多いのがこの季節だ。旧正月を本格的にお祝いする台湾では、1月は日本でいう「忘年会」シーズン。会社が社員をねぎらう忘年会は「尾牙（ぼえげえ）」と呼ばれる。「牙（げえ）」とはそもそも、土地の氏神様「土地公（とおてんこん）」への毎月2回のお祭り（旧暦の2日と16日）を指す。土地公は家内安全と商売繁盛を司る神様なので、今でも土地公への「拝拝（ばいばい）」を大事にする商家は少なくなく、その時期はお店の前に出された小さなテーブルの上にお供え物と線香が並ぶ光景を街でよく見かける。

旧暦2月2日の土地公の誕生日は一年最初の牙にあたり「頭牙（たうげえ）」、年の最後の牙は旧暦12月16日で「尾牙」と呼ばれるが、特に尾牙は年の終わりに奉公人をねぎらう大切な行事で、現代にも会社の忘年会として受け継がれている。特に大企業にとっては会社の威厳に関わり、ホテルのパーティー会場やコンサートホールを借り切って盛大に行われ、多くの芸能人も駆り出され、その模様はニュースにもなるほど。ボーナスも支給される嬉しい日だが、丸テーブルで鳥の丸焼きの頭が正面に来た社員は「クビ」ともささやかれる……。それぐらい尾牙は雇い主と働き手の1年に深く関わるイベントだ。

拜拜

大寒（だいかん）

寒気居座り ほのかに届く花だより

二十四節気の神様たち

餅の語源

旧正月前の台湾は、日本と同じくお正月を迎える準備で慌ただしい。旧暦12月24日は、1年間の人間の行いを報告するために「かまど」の神様をはじめ神々が天に戻るのを見送る「送神（そうしん）」の拜拜（ばいばい）。それから、神様の留守のあいだ大掃除を済ませ、大晦日の「除夕（ツーシー）」には家族が勢ぞろいしてごちそうをかこむ。台湾の人々にとって1年で一番大切な夕食である。除夕の食事では、日本のお節料理のように縁起を担ぐ食べ物も幾つかある。

例えば「年年財産が残る（年年有餘（ニエンニエンヨウユィ））」に音が通じる「魚（ユィ）」や、収穫期に畑に少し採り残しておいた「長壽菜」「長年菜」と呼ばれる芥子菜（からしな）（南部ではほうれん草）だ。これを市場やスーパーで見かけると、ああもうすぐ旧正月だなあと感じる。

年が明けると、親類縁者の新年のあいさつ回り（拜年（バイニエン））や娘の里帰り（回娘家（フェイニャンジャ））などなど。これらの行事をこなすため、乾物やお正月用のいろいろ（年貨（ニエンフォー）という）を扱う「迪化街（ディーホワジエ）」＊1などの商店街は買い物客で大いに賑わう。

さて、台湾でもお正月にはお餅を食べるが、こちらでは「年糕（ニエンガオ）」と言って、甘いものや塩辛いものがある。台湾語では日本のような白い餅や大福のことを「麻糬（台もあちー）」と言う。これはてっきり、日本時代の日本語が台湾語に影響した語彙（ごい）であるとこれまで思い込んでいた。なぜなら、こうした例は数え切れないほどあるからだ。

たとえば台湾語で

「Tan-Su」＝簞笥（たんす）
「Se-Bi-Ro」＝背広（せびろ）
「Ne-Gu-Dai」＝ネクタイ
「U-N-Jian」＝運ちゃん（運転手さん）
「Ka-n-ba-n」＝看板

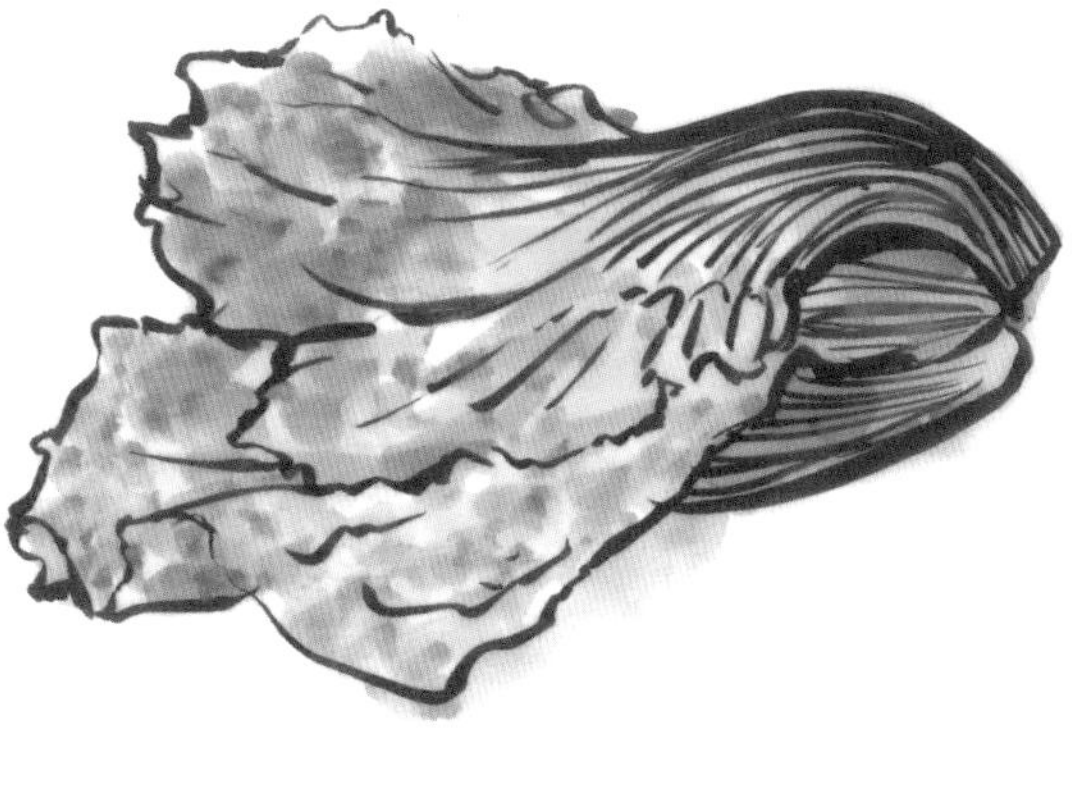

＊1
清朝末期より発達した港町「大稻埕（だいとうてい）」の一部。今も古い町並みが残り、漢方薬や乾物、茶、布などの問屋や商店がひしめく。

芥子菜

のほか「月給」「寄付」「注文」「注射」も現役で使われているらしい。

ところが先日、日本の「餅」の語源を調べてびっくり！　日本風俗史の研究者・古川瑞昌氏によって昭和47年に出版された『餅の博物誌』によれば、日本語の「餅」の語源は台湾語の「もあちー」かもしれぬという。いわく、台湾語のルーツである中国の福建地方や、古くからお米の産地である江南地方[*2]では「MOA-CHI（モアチ）」と発音し、それが稲作の伝来と共に江南ルート、もしくは福建ルートで日本に伝わったのではないかというのである。ちなみに福建文化の影響を大きく受けた沖縄では「ムーチー」と発音するらしい。餅の語源は他にもいろいろあり、これが真説かはわからない。しかし、これまでの思い込みを覆されるのは、心躍るような気持ちよさがあるものだ。

大寒の門神

台湾の廟に行くと、門の裏側に「門神」と呼ばれる神様の絵が描いてあるのを見かける。たまにそれが二十四節気のことがある。それぞれの節気が、武将や童子、仙女、龍神など24種のキャラクターで描き分けられているのだ。わたしが初めて見た二十四節気型の門神は台南の「林百貨店」[*3]から歩いてすぐの小さな廟[*4]だったが、台南、高雄、雲林など主に台湾南部で多く見られるようだ。

*2
長江下流部の南岸地域のこと。

*3
山口県出身の林方一（はやしほういち）が、日本時代の1932年に台南に創立した台湾で2番目にできた百貨店。現在はリノベーションされ、台南を中心とした特産品をあつかう施設「林百貨」として賑わっている。

*4
全台白龍庵安慶堂五瘟宮。台南市中西区中正路131巷8号。林百貨から西へ約300メートル。

大寒の神様

＊5
亡霊や餓鬼のこと。

ここで質問。24人の神様の中で、4人（たまに3人）が「鬼（グエイ）」＊5として描かれている節気があるが、どれかおわかりだろうか？

答えは、夏の暑さが1年で最も極まる小暑、大暑、そして寒さの極まる小寒と、その次に来る大寒だ。なかには小寒が鬼ではない廟もあるが、大寒はだいたい共通して鬼である。しかもただの鬼ではない。大きな氷の塊を頭の上に掲げて雲に乗り、恐ろしい形相をしている。顔も緑色で怖い。

「どうしてこんな表現になったのでしょう？」と台湾民俗学が専門の研究者・国立台北芸術大学の林承緯（リンツェンウェイ）教授に尋ねてみると、「ちょうど良い論文がありますよ」と送ってくださった。見ると林先生の教え子・林祐平（リンヨウピン）さんの修士論文で、台湾の二十四節気の人物表現がテーマという。林祐平さんによれば、これは台湾民間信仰のなかの「亡霊崇拝」と関係があるのではないかという。

漢民族は古来、霊力の高い人を死後に祭り神格化することで崇拝対象としてきた。孔子や関羽がその一例だが、さらにもう一つ、人間の神格化として台湾で厚く信仰を集める「孤魂信仰（グーフェン）」というのがある。海難事故や非業の死を遂げた「荒ぶる魂」が祟ることを恐れて祠や塚を造り、なだめ、逆にその霊力にあやかろうとするものだ。台湾の民間信仰における「神」とは、信心や尊敬というよりむしろ、死への恐怖心から生まれた存在なのだ。例えば、とある祠の近くに原子力発電所が出来た時、その工事の途中で不具合や事故がたくさん発生した。これを祟りと信じた多くの人がその霊力を求めて集まるようになり、今では大変豪勢な廟となっているという。

また、台湾の漢人文化のルーツとなっている中国福建地方は、その亜熱帯気候の温度と湿度のために風土病が蔓延（まんえん）しやすく、漢の時代より疫病の地として知られていた。疫病とは「疫を司る神」（疫神（えきじん））の仕業でもあると考えられていたので、その神を奉り敬うことによって、疫病を鎮めてくれるよう願った。さらには疫病の流行しやすい季節が夏と冬であることから、大暑や大寒が鬼＝疫神の姿で表されるようになったのではないか、林さんはそう論じている。

日本にも似たような亡霊崇拝はある。学問の神様となった菅原道真（すがわらのみちざね）公[*6]でおなじみの「御霊（ごりょう）信仰」、そして疫病神といえば京都の八坂神社をはじめ、牛頭天王（ごずてんのう）[*7]を祀る「祇園（ぎおん）信仰」が代表格だろう。

＊6
藤原時平の政治的な策略で、無実の罪を着せられ、福岡県太宰府に左遷されて亡くなった。死後に平安京への落雷で多くの要人に死傷者が出るなどし、菅原道真公の祟りとして、北野社に天神（雷神）として祀られた。

＊7
京都の八坂祇園社の祭神。神仏習合でスサノヲとも解釈されている。その無慈悲で暴虐な振る舞いは疫病を象徴しているともいわれ、病魔退散を祈願する祇園祭の起源になった。

大寒といえば、宋の時代に出来た「二十四番花信風」がある。小寒から穀雨までの節気に咲く24種の「花だより」である。中国江南地方の気候を元にしたオリジナルは、次の通り。

小寒　梅花、山茶、水仙

大寒　瑞香（沈丁花）、蘭花、山礬（ハイノキ）

もっと南に位置する台湾のこの時期の「花信」といえば、サクラである。1月の終わりごろから台北郊外の陽明山などに登れば、頬紅をさしたような山桜（タイワンザクラ）が常緑の山々を彩る。台湾の、春節の訪れを感じさせる花だよりである。

タイワンザクラ

一月の七十二候

日本

小寒初候　芹乃栄う（せりさかう）
小寒次候　水泉動く（すいせんうごく）
小寒末候　雉始めて雊く（きじはじめてなく）
大寒初候　款冬華さく（ふきのとうはなさく）
大寒次候　水沢腹く堅し（みずさわあつくかたし）
大寒末候　鶏始めて乳す（にわとりはじめてにゅうす）

古代中国

小寒初候　雁北郷（ガンが北に渡り始める）
小寒次候　鵲始巣（カササギが巣を作り始める）
小寒末候　雉始雊（オスのキジが鳴き始める）
大寒初候　鶏始乳（鶏が卵を産み始める）
大寒次候　鷙鳥厲疾（ワシやタカが空高く速く飛び始める）
大寒末候　水沢腹堅（沢に氷が厚く張りつめる）

台湾

小寒初候　合歓山しろく
小寒次候　火鍋おいし
小寒末候　飲み会の数ふえる
大寒初候　基隆雨つづく
大寒次候　春節の準備忙し
大寒末候　オニタビラコ咲く

陰陽

あとがき

本書は2020~2022年までの2年間、株式会社ウェッジのウェブマガジン『ほんのひととき』で連載した「旅に効く、台湾ごよみ」を大幅に再構成し加筆したものである。つまり、コロナ禍で日本に一時帰国できない約3年の日々の変化や感じ方の記録ということで、少々ウェットな箇所があるのにはそんな背景がある。

とはいえ、ずっと台湾にいたおかげで書けた本でもある。五感を研ぎ澄ませ、風の匂いの変化を感じ取ること。この台湾という土地が抱く複雑な歴史や小さなものがたりに耳をそばだてること。月の満ち欠け。小さなベランダから見える玉蘭の大木の葉のざわめき。縁あって出会い、何げない言葉を交わした人々。会えなかった、もしくは、もう会えない人。シナプスを鍛えて想像の翼を羽ばたかせることで、時間と空間は無限のものへと形をかえると体感した。また、共同体を運営するために生まれた「こよみ」について考えることは、自分が属する「モザイク状」のアイデンティティーと向き合っていく一つの方法だとあらためて確認できた。今回の本づくりに関係するすべての皆さまに心よりの御礼を申し上げたい。

台湾を取り巻く状況は日を追うごとに難しいものになっているが、願わくばこの本が、台湾と日本でお互いがより理解し合う空間を創造するための、無限の扉を開くささやかな一助となりますように。

2023年5月12日　媽祖の誕生日、雨のそぼ降る台北にて　栖来ひかり

＊主な参考文献

『台湾俳句歳時記』黃霊芝・著／言叢社／2003年
『日本の七十二候を楽しむ　旧暦のある暮らし』白井明大・著、有賀一広・画／東邦出版／2012年
『歳時律動　智慧四千年的２４節気』馬以工・著／時報出版／2022年
『樂活在天地節奏中　過好日的二十四節気生活美学』韓良露・著／有鹿文化／2014年
『台湾を知るための72章（第２版）』赤松美和子、若松大祐・編著／明石書店／2022年
『民族學研究』2巻3号／馬淵東一「ブヌン族の祭りと暦」／日本文化人類学会／1936年
『<外地>の日本語文学選①　南方・南洋／台湾』黒川創・編／新宿書房／1996年
　※黄氏鳳姿「七娘媽生」所収
『コドモノクニ』第14巻第1号／東京社／1935年
　※まど・みちお「蕃石榴が落ちるのだ」所収
『まど・みちおの詩と童謡の世界　表現の諸相を探る』張晟喜・著／法政大学学術機関リポジトリ／2015年
『まど・みちお　研究と資料』谷悦子・著／和泉書院／1995年
『日本神話の起源』大林太良・著／角川書店／1961年
『還ってきた台湾人日本兵』河崎眞澄・著／文春新書／2003年
『フォルモサに咲く花』陳耀昌・著、下村作次郎・訳／東方書店／2019年／原題『傀儡花』
『セエデク民族』シヤツ・ナブ（Siyac Nabu）・著／台灣東亞歷史資源交流協會／2015年
『台湾同性婚法の誕生　アジアLGBTQ+燈台への歴程』鈴木賢・著／日本評論社／2022年
『餅の博物誌』古川瑞昌・著／東京書房社／1972年
『台湾のいもっ子』蔡徳本・著／角川学芸出版／2007年
『國立中央図書館臺灣分館の日本関係資料』松浦章・著、関西大学図書館・編／関西大学／2007年
『朝倉世界地理講座　大地と人間の物語　第15巻オセアニア』／菊澤律子「言葉と人びと」／熊谷圭知、片山一道・編／朝倉書店／2010年

＊主な参考サイト

＊原住民族委員会ウェブサイト　https://ihc.apc.gov.tw/
＊「拖拉庫」「里阿卡」から「女優」「激安」まで　台湾語に含まれる日本語の移り変わり／米果・文／ニッポン・ドット・コム
https://www.nippon.com/ja/column/c02906/

栖来ひかり（すみき・ひかり）

文筆家、道草者。

山口県出身、京都市立芸術大学美術学部卒、2006年より台湾在住。台湾に暮らす日々を旅のごとく新鮮なまなざしで見つめ、失われていく風景や忘れられた記憶を掘り起こし、重層的な台湾の魅力を伝える。日本での著書に『台湾と山口をつなぐ旅』（西日本出版社／2018）、『時をかける台湾Y字路～記憶のワンダーランドへようこそ』（図書出版ヘウレーカ／2019）、『日台万華鏡～台湾と日本のあいだで考えた』（書肆侃々房／2023）がある。

台湾りずむ　暮らしを旅する二十四節気

2023年7月12日　初版第1刷発行

著者（絵・文・写真）　栖来（すみき）ひかり

発行者　内山 正之

発行所　株式会社 西日本出版社
〒564-0044　大阪府吹田市南金田1-8-25-402
営業・受注センター
〒564-0044　大阪府吹田市南金田1-11-11-202
TEL 06-6338-3078　FAX 06-6310-7057
ホームページ　http://www.jimotonohon.com/
郵便振替口座 00980-4-181121

編　集　三枝 克之（office UNIZON）
装　幀　中島佳那子（文図案室）
地　図　庄司英雄
連載時担当　飯尾佳央（株式会社ウェッジ）
印刷・製本　株式会社 光邦

ISBN978-4-908443-82-4
定価はカバーに表示してあります。
乱丁落丁は、お買い求めの書店名を明記の上、小社受注センター宛にお送り下さい。
送料小社負担でお取り替えさせていただきます。